JN086524

家族が亡くなった時の 相続・年金・保険などの手続き

お葬式から遺族の暮らしまで

監修　社会保険労務士　川端　薫
　　　税理士　　　　　内田　麻由子

税務研究会出版局

はじめに

　大切な方が亡くなった……その時、耐え難い辛さが身を襲います。私自身も、父を亡くした時は、今思い出しても悲しみが湧き出てくるほどにほんとうに辛い時間でした。しかし、遺族はその悲しみに浸ってばかりもいられない現実があります。

　お葬式を出すだけでも一大事なのに、遺された家族は、その後に、保険・年金などの手続きなどで役所や銀行などを駆けずり回って手続きをしなくてはなりません。それぞれに手続きの期限が決まっているものもあります。そして、どなたにも相続は必ず起こります。

　この本では、家族が亡くなった時に、何をしなくてはならないのかをわかりやすく記載しました。

　年金等で遺族が手続きをしないと受け取れなかったり、相続税の申告は10か月以内にしないと特例が受けられなかったりなど、知らないと損をしてしまうものもあります。この本を参考にして、忘れずに手続きをしてください。

　また、配偶者や親御さんが亡くなると、遺された方の暮らしやお金のことについて、不安も出てくるかと思います。家族が亡くなったあとの「お金のこと」「介護のこと」「相続のこと」などの受けられる支援や対策について、第3章で解説しています。

　相続税などの税金関係については、私の旧知の友人でもある、税理士の内田麻由子先生にご監修をお願いしました。

　また、数々のマネー雑誌等を手掛けてこられたライターの向山勇さん、司法書士の太田啓介先生、葬祭業のなぎさグループ様にご協力いただき、この本が出版できることとなりました。この場を借りて御礼申し上げます。

　お手に取ってくださった方の不安の解消にお役に立てば幸いです。

2020年2月

川端　薫

1

目　次

第 **1** 章

家族が亡くなった時の 「役所の手続き」や 「年金の手続き」など

●ご家族が亡くなった時からの 主な手続きのスケジュール

●期限によって作成しています。 実際の手続き順とは異なる場合があります。

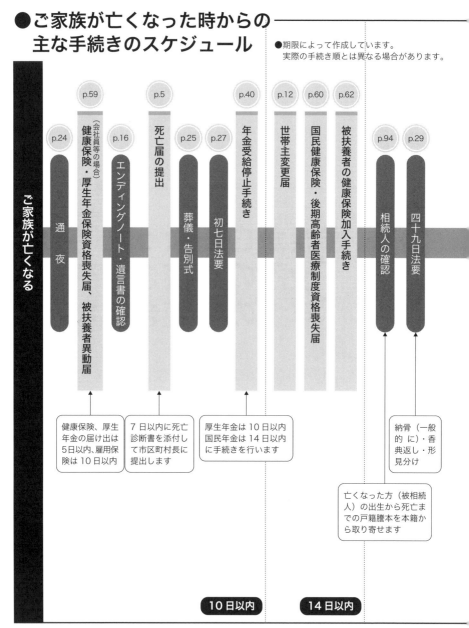

ご家族が亡くなる

通夜 `p.24`

健康保険・厚生年金保険資格喪失届、被扶養者異動届(会社員等の場合) `p.59`

エンディングノート・遺言書の確認 `p.16`

死亡届の提出 `p.5`

葬儀・告別式 `p.25`

初七日法要 `p.27`

年金受給停止手続き `p.40`

世帯主変更届 `p.12`

国民健康保険・後期高齢者医療制度資格喪失届 `p.60`

被扶養者の健康保険加入手続き `p.62`

相続人の確認 `p.94`

四十九日法要 `p.29`

健康保険、厚生年金の届け出は5日以内、雇用保険は10日以内

7日以内に死亡診断書を添付して市区町村長に提出します

厚生年金は10日以内 国民年金は14日以内に手続きを行います

納骨(一般的に)・香典返し・形見分け

亡くなった方(被相続人)の出生から死亡までの戸籍謄本を本籍から取り寄せます

10日以内　**14日以内**

※この書籍は2019年12月30日現在の関係法令に基づき作成しております。 今後変更となる場合もありますのでご了承ください。

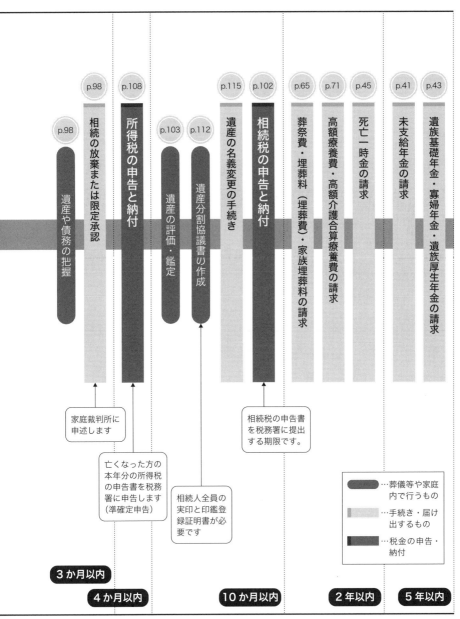

p.98 相続の放棄または限定承認

p.108 所得税の申告と納付

p.98 遺産や債務の把握

p.103 遺産の評価・鑑定

p.112 遺産分割協議書の作成

p.115 遺産の名義変更の手続き

p.102 相続税の申告と納付

p.65 葬祭費・埋葬料（埋葬費）・家族埋葬料の請求

p.71 高額療養費・高額介護合算療養費の請求

p.45 死亡一時金の請求

p.41 未支給年金の請求

p.43 遺族基礎年金・寡婦年金・遺族厚生年金の請求

家庭裁判所に申述します

相続税の申告書を税務署に提出する期限です。

亡くなった方の本年分の所得税の申告書を税務署に申告します（準確定申告）

相続人全員の実印と印鑑登録証明書が必要です

…葬儀等や家庭内で行うもの

…手続き・届け出するもの

…税金の申告・納付

3か月以内

4か月以内

10か月以内

2年以内

5年以内

※この書籍では、手続き等を簡略化して表記しているものもあります。詳しくはお近くの市区町村役場等や社会保険労務士、税理士、司法書士等の専門家におたずねください。

1 家族が亡くなったら まずしなくては ならないこと

　身内が亡くなった後は、悲しみで混乱し、何も手を付けられない状態になってしまいます。しかし、実際には、亡くなった直後から行わなければいけないことが待っています。

　その内容は葬儀から公的な手続きまでさまざまです。手続きや届け出の中には期限が決められているものも少なくありません。いざというときに落ち着いて対応できるように、大きな流れを把握しておきたいところです。

　最初の手続きとなるのが死亡を確認するための書類「死亡診断書」（死体検案書）です。「死亡診断書」は亡くなったことを医学的・法律的に証明するもの。基本的には医師に作成してもらいますが、どこで亡くなったのかによって、手続きは異なってきます。

■亡くなった場所による違い

[病院で亡くなった場合]

　病院で亡くなった場合には、病院の医師が「死亡診断書」を作成してくれます。治療を受けていた病気やケガ以外の原因で亡くなったときには、「死亡診断書」ではなく、「死体検案書」となります。

[自宅で亡くなった場合]

　自宅で亡くなった場合には、かかりつけ医に連絡をして「死亡診断書」を作成してもらいます。在宅療養をしていたわけではなく突然亡くなり、かかりつけ医がいない場合には、遺体を動かさないようにして、すぐに警察に連絡をします。自宅内の事故や自死の場合も同様です。警察に連絡をすると、監察医・警察医が訪問をして検案や検視をして、「死体検案書」を作成してくれます。

[介護施設等で亡くなった場合]

　介護施設には一般的に医師は常駐していませんから、介護施設で亡くなった場合には、基本的に自宅で亡くなった場合と同様です。かかりつけ医や主治医に連絡をして手続きを進めます。

　介護老人施設（老健）は、医師が施設長を務めていますので「死亡診断書」を作成してくれます。

■ 死亡届は 7 日以内に提出

　「死亡届」は「死亡診断書」（死体検案書）と１枚の用紙で左右に分かれています。「死亡診断書」（死体検案書）の交付を受けたら、「死亡届」の部分を記入して、市区町村役場に提出します。

　死亡診断書は医師が作成するものですから、第三者が手を加えるなどをすると無効になりますので注意してください。

　「死亡届」は死亡の事実を知った日からその日を含めて７日以内に、亡くなった方の本籍地または届け出をする人の所在地、もしくは亡くなった場所のいずれかの市区町村役場に提出します。

その際に届出人は、親族、親族以外の同居者、家主、地主、家屋もしくは土地の管理人、後見人などと決まっています。

なお、国外で亡くなった場合は、死亡の事実を知った日から3か月以内に死亡届を提出します。

◆死亡届の提出

提出先	亡くなった方の本籍地または届け出人の所在地または死亡した場所の市区町村役場
届け出できる人	親族、同居者、家主、地主、後見人など
必要書類	死亡診断書又は死体検案書＝1通、印鑑※
手数料	無料
提出期限	死亡の事実を知った日から7日以内（国外死亡は3か月以内）

※認め印でOKですが、インキ浸透印（シャチハタなど）は不可です。

◆死亡届・死亡診断書の記入の注意事項等

●死亡届…届け出る人が記入する

記入	鉛筆や消えやすいインキのペンで書かない
日付	死亡届を提出する日付（死亡した日ではない）
氏名　生年月日	間違いがないかしっかり確認する
死亡したところ	住所を都道府県名から記入する。国外の場合は国外の住所を記入
死亡した人の夫または妻	内縁の者はふくまれない
死亡したときの世帯と職業	亡くなった方の世帯について当てはまるものを選択し、職業について記入する
届け出る人と死亡した人の関係性等	関係性で当てはまるものを選択。届出人の住所・本籍・署名をする。届出人の印鑑も必要

●死亡診断書…死亡を確認した医師が作成する

記入	鉛筆や消えやすいインキのペンで書かれていないか確認する
氏名　生年月日	間違いがないかしっかり確認する
死亡したところ	住所が記載されているか確認する
死亡の原因等	原因・死亡日時が記載されているかを確認する
診断（検案）の医師	医師の署名・押印・日付が漏れていないか確認する

※死亡届の提出は、葬儀社が提出の代行をすることが多い。死亡届に第三者が手を加えると無効になる。
※念のためコピーを取っておくとよい。

◆死亡届の書式

<table>
<tr><td rowspan="3">死　亡　届

令和　　年　　月　　日届出

大　使
総領事　殿</td><td colspan="2">受理　令和　年　月　日</td><td rowspan="2">公 館 印</td></tr>
<tr><td colspan="2">第　　　　　号</td></tr>
<tr><td colspan="2">送付　令和　年　月　日
第　　　　　号</td><td></td></tr>
</table>

	書類調査	戸籍記載	記載調査	調査票附票	住民票	通知

				記入の注意
(1)	（よみかた）			届書はすべて日本語で書いてください。鉛筆や消えやすいインキで書かないでください。
(2)	氏　　　名	氏　　　　名　　　　□男　□女		死亡したことを知った日から数えて 3 か月以内に出してください。
(3)	生 年 月 日	年　月　日 〔生まれてから30日以内に死亡したときは生まれた時刻も書いてください〕 □午前　時　分 / □午後		
(4)	死亡したとき	令和　　年　　月　　日 □午前　時　分 / □午後		夜の 12 時は「午前 0 時」、昼の 12 時は「午後 0 時」と書いてください。
(5)	死亡したところ	番地 / 番　　号		「死亡したところ」は「死亡したとき」とともに戸籍に書かれますので、くわしく国名から番地まで書いてください。なお、病院名を書く必要はありません。
(6)	住　　所	番地 / 番　　号 世帯主の氏名		
(7)	本　　籍	番地 / 番 筆頭者の氏名		「筆頭者の氏名」には、戸籍のはじめに記載されている人の氏名を書いてください。
(8)(9)	死亡した人の夫または妻	□いる（満　歳）□いない（□未婚　□死別　□離別）		内縁のものはふくまれません。

見本

(10)	死亡したときの世帯のおもな仕事と	1. 農業だけまたは農業とその他の仕事を持っている世帯 2. 自由業・商工業・サービス業等を個人で経営している世帯 3. 企業・個人商店等（官公庁は除く）の常用勤労者世帯で勤め先の従業者数が1人から99人までの世帯（日々または1年未満の契約の雇用者は5） 4. 3にあてはまらない常用勤労者世帯及び会社団体の役員の世帯（日々または1年未満の契約の雇用者は5） 5. 1から4にあてはまらないその他の仕事をしている者のいる世帯 6. 仕事をしている者のいない世帯	□には、あてはまるものにこのようにしるしをつけてください。
(11)	死亡した人の職業・産業	（国勢調査の年…　年…の4月1日から翌年3月31日までに死亡したときだけ書いてください） 職業　　　　　　　　　　産業	死亡者について書いてください。

そ の 他		届書及び死亡を証する書面（外国官公署の発行する死亡登録証明書又は医師が作成した死亡証明書）は、それぞれ 2 通提出してください。外国文の証明書には翻訳者を明らかにした和訳文を添付してください。届け出られた事項は、人口動態調査（統計法に基づく基幹統計調査、厚生労働省所管）にも用いられます。

届 出 人	□1.同居の親族　□2.同居してない親族　□3.同居者　□4.家主　□5.地主 □6.家屋管理人　□7.土地管理人　□8.公設所の長　□9.後見人 □10.保佐人　□11.補助人　□12.任意後見人	
	住所　　　　　　　　　　　　　番地 / 番　　号	
	本籍　　　　　番地 / 番　　筆頭者の氏名	
	署名　　　　　　　印　　年　　月　　日生	届出人の署名は、はっきりと読めるように本人が書いてください。なお、外国人が外国語で署名する場合は、その「よみかた」をカタカナで併記してください。

事件簿番号 □□□
（届出人の連絡先及び電話番号　　　　　　　　　　　　　）

死亡届と死亡診断書は左右で 1 枚になっています。

8

◆死亡診断書の書式

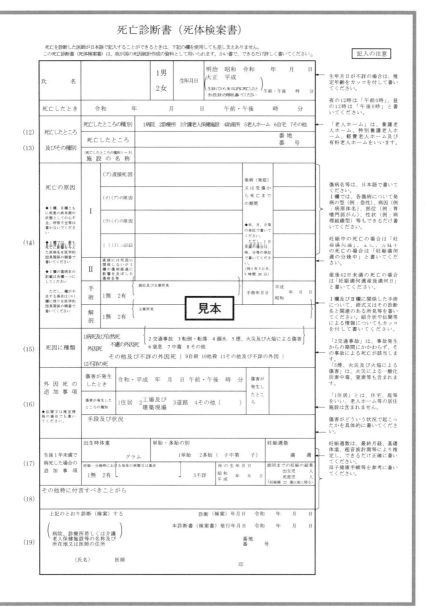

死亡診断書（死体検案書）

死亡を診断した医師が日本語で記入することができるときは、下記の欄を使用しても差し支えありません。
この死亡診断書（死体検案書）は、我が国の死因統計作成の資料として用いられます。かい書で、できるだけ詳しく書いてください。

記入の注意

※法務省のホームページにも書き方見本が掲載されています。

■「火葬許可書」と「埋葬許可書」が必要になる

　「死亡届」とともに火葬許可申請書も市区町村役場に提出します（自治体によっては不要なところもあります）。「火葬許可申請書」を提出して、市区町村役場で手続きが終わると、「火葬許可書」が交付されます。

　「火葬許可書」は市区町村によって書式が異なります。埋葬許可書と一緒になっている場合もあれば、火葬場使用許可申請書を兼ねているものなどがあります。窓口で確認してください。、

　また、火葬は基本的に死後 24 時間が経っていなければ行うことができません。火葬場や斎場の予約ができていないと火葬許可の申請ができないこともありますので、事前に葬儀社などに確認をするとよいでしょう。

　火葬が終わると、納骨を行いますが、この際には「埋葬許可書」が必要です。一般的には、火葬が終わった後に「火葬許可書」に火葬済の証明が行われ、それが埋葬許可書となります。また、火葬・埋葬許可書は一般的に 1 通しか発行されませんので、分骨をする場合には、火葬場で分骨証明書を発行してもらいます。

　なお、死亡届や火葬許可申請書の提出や火葬の手配は、一般的に葬儀社が代行してくれます。また、死亡届などは原本を提出します。ほかに死亡届が必要になることもありますので(たとえば遺族年金の請求等)、コピーをとっておくとよいでしょう。

◆火葬許可申請書の例

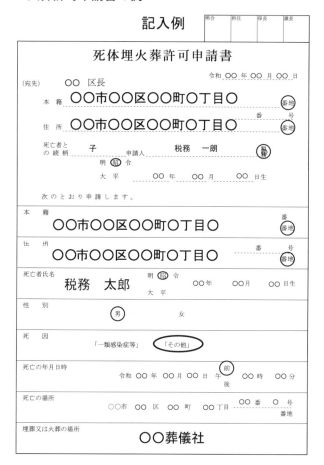

記入例

照合	担任	保長	課長

死体埋火葬許可申請書

令和 〇〇 年 〇〇 月 〇〇 日

(宛先)　〇〇 区長

本　籍　〇〇市〇〇区〇〇町〇丁目〇　⓪番地

住　所　〇〇市〇〇区〇〇町〇丁目〇　番　号　⓪番地

死亡者と
の続柄　　子　　申請人　　税務　一朗　⓪

明 ㊼ 令
大 平　〇〇 年　〇〇 月　〇〇 日生

次のとおり申請します。

本　籍　〇〇市〇〇区〇〇町〇丁目〇　番　⓪番地

住　所　〇〇市〇〇区〇〇町〇丁目〇　番　号　⓪番地

死亡者氏名　税務　太郎　明 ㊼ 令　〇〇年　〇〇月　〇〇 日生
大 平

性　別　　㊚　　　　女

死　因　　「一類感染症等」　　「その他」

死亡の年月日時　令和 〇〇 年 〇〇月 〇〇 日 ㊐前
後　〇〇 時　〇〇 分

死亡の場所　〇〇市 〇〇 区 〇〇 町 〇〇丁目 〇〇番 〇号　番地

埋葬又は火葬の場所　〇〇葬儀社

◆火葬許可申請書の提出

提出先	死亡届を提出する市区町村役場
届け出できる人	死亡届を提出する人
必要書類	死亡届、印鑑
手数料	申請時に火葬料を支払う場合も
提出期限	死亡の事実を知った日から原則7日以内。死亡届とともに提出

■ 世帯主が亡くなった場合は世帯主の変更手続きを

　亡くなった方が世帯主の場合には、世帯主の変更手続きが必要になるケースもあります。遺された世帯の構成員に15歳以上の人が2人以上いる場合には、「世帯主変更届」(住民移動届) を提出して、新しい世帯主を確定させます。死後14日以内に行います。

　一方で15歳以上の人が1人の場合には、15歳以上の人が自動的に世帯主になりますので「世帯主変更届」の提出は必要ありません。

　なお、亡くなった方は死亡届を提出すると戸籍に死亡したことが記載されて、住民票から削除されます。

◆ 世帯主変更届が必要な場合

亡くなる前　　　　　亡くなった後

  →

夫　　　妻　　　子　　　　　妻　　　　子
(世帯主)　　　(15歳未満)　　(新世帯主)　(15歳未満)

15歳以上は妻のみなので妻が世帯主になることは明白。

亡くなる前　　　　　亡くなった後

  →

夫　　　　　妻　　　　　　妻
(世帯主)　　　　　　　　　(新世帯主)

世帯員は妻のみなので妻が世帯主になることは明白。

届け出が必要な例

亡くなる前　　　　　亡くなった後

   →

父　　　子　　　子　　　　子　　　　子
(世帯主)　(15歳以上)(15歳以上)　(15歳以上)　(15歳以上)
　　　　　　　　　　　　　(新世帯主)

15歳以上が2人いるのでどちらが世帯主になるか不明。

◆ 世帯主変更届（住民移動届）の提出

提出先	亡くなった方が住んでいた市区町村役場
届け出できる人	新しい世帯主、同一世帯の人、代理人
必要書類	・届け出書 ・届け出する人の運転免許証、パスポート、住民基本台帳カードなど官公署発行の写真入り証明書、マイナンバーカード　など
手数料	無料
提出期限	死亡の事実を知った日から14日以内

2 葬儀までの流れ

　前項では家族が亡くなった際の手続きについて紹介しましたが、ここでは、臨終から葬儀までについて確認しておきましょう。

　まず、自宅以外で臨終を迎えた場合には、遺体の搬送先を決めなければなりません。病院や施設側で遺体を搬送してくれることはほとんどありません。ですので、搬送先と同時に搬送業者（葬儀社）を決めなくてはなりません。自宅に搬送して安置する場合には、遺体が到着する前に安置する場所を整え、安置するための布団などを用意しておきます。

　しかし、最近では、住宅事情などから自宅に安置できないケースも少なくありません。その場合には、葬儀社の霊安室に安置することもできます。

　この段階で葬儀社を決めることになります。葬儀や法要をスムーズに行うためには、信頼のおける葬儀社を選ぶ必要があります。病院で亡く

なった場合には、病院から紹介された葬儀社に任せてしまうことも少なくありませんが、その葬儀社がベストとは限りません。思っていた以上の費用がかかってしまうこともあります。葬儀社選びには十分に注意が必要です。

> ### コラム マンション等で2階以上の場合
>
> 　マンション等で2階以上のお家で、エレベーターを使用する場合は、そのままの奥行きではご遺体を搬送するストレッチャーが入りません。ストレッチャーが入るようにトランク付きエレベーターが設けられている場合は、鍵を開けて、事前にエレベーターの奥行きを広げる準備が必要になります。

■ 葬儀社選びのポイント

　葬儀社を選ぶ際には、次のポイントをチェックしましょう。

☑ 明瞭な見積書を提示してくれ、会葬者数が追加になった場合などには葬儀費用がどう変わるかをしっかりと説明してくれたか。

☑ 大切な方を亡くした遺族の気持ちに寄り添って、親切でていねいな対応をしてくれるか。

☑ 一級葬祭ディレクターが在籍しているか。

☑ 遺族の事情にあわせていろいろな提案をしてくれるか。

　病院と提携している葬儀社に自宅まで遺体の搬送をしてもらうケースもありますが、その葬儀社に必ずしも葬儀を依頼する必要はありません。別の葬儀社に依頼することも可能です。複数の葬儀社から見積りをとり、費用やサービス内容を比較検討するようにしましょう。

　葬儀社には身内しか知らない個人情報を伝えるケースも多いので、信頼できる業者であるかどうかが重要です。

葬儀社が決まったら相談しながら通夜や葬儀の内容を決めていきます。その際には、亡くなった方がエンディングノートや遺言書を残していないかを確認する必要があります。亡くなった方が自分の葬儀の希望などについて書き記している可能性があるからです。

■ エンディングノート・遺言書の確認

[エンディングノート]

　エンディングノートは、それまでの人生や人生の最期をどう過ごしたいかなどについて書き記したノートです。葬儀にはさまざまな形があります。遺された家族がどのような葬儀を執り行えばよいのかを決めるのはなかなか難しいものがあります。そこで本人が葬儀の希望について、エンディングノートに記載することが多くなっています。

　エンディングノートが残されていた場合には、その内容を確認して本人の希望に沿った葬儀を選ぶことが大切です。さまざまな事情でできないこともあるかもしれませんが、できるだけ希望に沿えるように、業者と話し合いましょう。

　また、亡くなったことを連絡してほしい知人のリストや逆に連絡してほしくない知人などが記載されていることもあるので、確認しておきましょう。

　遺言は、次に述べるように、自筆で書かれた遺言は検認という手続きが必要になります（法改正により法務局に預けている場合を除く）。遺族が書かれた内容を把握できるのに、数か月程度の時間がかかることもあり、葬儀には間にあいません。一方、エンディングノートはそういった手続きが不要ですので、遺族がすぐに開いて内容を読むことができま

◆ 遺言書保管場所

自宅	公証役場	貸金庫	信託銀行	法務局
自筆証書遺言の場合など	公正証書遺言の場合など	取引先の銀行に借りている場合	遺言信託などを利用している場合	民法改正で2020年7月10日よりスタート

す。亡くなってからではどうすることもできませんが、早くに希望が知りたい葬儀の内容などは、エンディングノートに書いておいてもらえると助かるものです。

[遺言書]

　遺言書は本来、財産の分け方などについて亡くなった方の遺志を相続人に伝える目的で書かれることが多いものです。エンディングノートには法的効力がありませんが、遺言書には法的効力があるとの違いもあります。

　遺言書には付言事項が記されていることがあります。付言事項には法的効力はありませんが、家族への想いなどを記すことができます。この付言事項に葬儀に対する希望が書かれている可能性もあります。

　遺言には、自筆証書遺言、公正証書遺言、秘密証書遺言の3種類があります。

　本人が亡くなる前に遺言書の有無や保管場所などについて確認できればよいのですが、それができなかった場合には遺品を整理して探すことになります。

　では、遺言書はどのような場所に保管されている可能性があるでしょうか。遺言書を保管する場所としては、主に上記の5つの場合が考えら

れます。

　遺言書の種類と作成方法については P109 ～、P142 ～で詳しく紹介しますが、自筆証書遺言を書いた場合には、自宅に保管しているケースが多くなります。自宅に保管されている場合に可能性が高いのは、机やタンスの引き出し、金庫や仏壇などです。自筆証書遺言は検認の手続きを家庭裁判所にて行う必要があります（後述の法改正により法務局に預けてある場合は不要）。

　2018 年に 40 年ぶりの民法改正があり、遺言書の扱いに変更がありました。これにより、自筆証書遺言を本人が法務局に持参して保管申請をする制度がスタートしました。この制度は 2020 年 7 月 10 日からスタートします。今後は法務局に遺言書が預けられているケースも想定する必要があります。相続人等は、遺言者が亡くなった後、全国にある遺言書保管所で遺言書が保管されているかどうかを調べること、遺言書の写しの交付を請求すること、遺言書を保管している遺言書保管所において遺言書を閲覧することができるようになります。

　一方で、公正証書遺言の場合には、法務大臣に任命された公証人が遺言を作成し、遺言書は公証役場で保管されています。あるかどうかが不

◆ 自筆証書遺言の検認

提出先	遺言者の最後の住所地の家庭裁判所
届け出できる人	遺言書の保管者、遺言書を発見した相続人
必要書類	申立書、遺言者の出生時から死亡時までのすべての戸籍謄本、相続人全員の戸籍謄本など
手数料	遺言書 1 通につき収入印紙 800 円分、連絡用の郵便切手
提出期限	遺言書が見つかってからすみやかに

封印がしてある場合　家庭裁判所で相続人等の立会いの上開封
出典：裁判所ホームページ

明な場合には、最寄りの公証役場に必要書類を持参すると、全国どこの公証役場に預けられていたとしても、調べてもらえます。ただし、遺言書の有無を調べることができるのは遺言者が亡くなった後となります。

　取引銀行に貸金庫を借りている場合には、その中に遺言書を保管しているケースもあるでしょう。貸金庫の契約があるかどうかは、取引銀行に問い合わせをすればわかりますが、本人が亡くなってしまってからでは、簡単に貸金庫を開けることはできません。所定の手続きが必要になります。

　また、信託銀行には遺言の作成や保管、執行を代行する遺言信託などのサービスがあります。生前に信託銀行と取引があったと思われる場合には連絡してみる必要があるでしょう。

　なお、自筆証書遺言が見つかった場合には、勝手に開けることはできません。封印のある遺言書は、家庭裁判所で相続人等の立会いの上で開

封しなければならないのです。また、家庭裁判所の検認を受けなければなりません。検認は、相続人に遺言の存在や内容を知らせるとともに、遺言書の内容を明確にして偽造・変造を防止するためのものです。検認は、遺言書が法的に有効かどうかを判断するものではありません。検認は相続人全員の手続きが必要になるので、数か月ほど時間を要することがあります。なお、前述のとおり 2020 年 7 月 10 日から、自筆証書遺言書を法務局に預かってもらうことができるようになりますが、この場合は検認が不要となります。遺言の執行をスムーズに行うためにも遺言を作成した際には、遺言執行人を決めておくとよいでしょう。

3 葬儀を執り行う

■ 通夜、葬儀などの打ち合わせ

葬儀社が決まったら、次のことを相談しながら決めていきます。

[葬儀日程]

　昔は亡くなった日の翌日の夜に通夜、通夜の翌日が葬儀・告別となるのが一般的でしたが、現代は保管・保全技術も進んだため、翌日ではなく、1〜2日の準備期間を設けることがほとんどです。火葬場の休日（友引・年末年始など）や空き状況、菩提寺・僧侶の予定などによって日程が後ろにずれ込む場合があります。

　関係者の予定を確認し、葬儀社と相談しながら日程を確定します。たとえば仏式の場合、菩提寺がある場合は、僧侶の人数や送迎方法、戒名についても相談しておきます。寺院に心当たりがない場合は、葬儀社に紹介してもらいます。本人の信仰する宗教による見送りの仕方がわからなくても、葬儀社は心得ていますので、相談しましょう。

[喪主・その他の役割分担]

　喪主は遺族の代表として、葬儀を行い故人に代わり弔問を受ける役割を担います。世帯主や配偶者が務めるのが一般的ですが、高齢の場合に

は長男や長女が行うこともあります。

　葬儀後の年忌法要や供養を誰が行うか考慮して決定します。また、通夜・葬儀における世話役や受付、会計、僧侶等案内などの係や、弔辞をいただく方を決めます。

　葬儀社に依頼するほか、親族や勤務先、近所の方などに依頼して役割分担をしましょう。

［会葬者数］

　会葬者数は、遺族の方の連絡の仕方に大きく左右されます。どの範囲まで知らせるか、葬儀の規模・形式などと同時に決めながら、予測していきましょう。

　また、接待用飲食や会葬礼状・香典返しの内容を決定します。足りなくならないように会葬者数を予測し、数量を決定します。

　最近は、葬儀当日に香典返しを行う「即日返し」が多くなっています。

　なお、香典返しは、後日、自宅に直接弔問されるケースがあるので、その方用に多めに用意しておくとよいです。

［費用］

　葬儀代、お布施、戒名料、お車代、心付けなど必要な費用を見積もり、当日に支払う必要がある分についての現金を多めに用意しておきます。それぞれに使う包み袋も準備します。

［その他の手配］

　遺影、貸衣装、着付け・美容院などの手配も必要です。遺影は、なる

べく顔が大きく正面を向いてはっきりと写っている写真を選び、葬儀社に渡します。亡くなられた方のつきあいが広範囲な場合は、新聞の死亡広告を手配します。たとえばこだわりのある写真があるような場合には生前に遺影を決めてある場合もあります。

日程や会場が決まったら、親族や友人・知人、勤務先、隣近所や町内会などに連絡します。年賀状や、亡くなった方が持っていた住所録、メールアドレスのリストなどをもとに、連絡先のリストを作成し連絡するのが望ましいでしよう。

■ 葬儀の準備

日本では仏教式の葬儀が多いですが、本人の信仰により神式やキリスト教式で行われる場合もあります。最近は、宗教者を立てない無宗教式も多くなりました。

ここではまず、仏教式による一般葬の形式と準備などについてみていきましょう。

■ 遺体を式場に移動

式場から離れた自宅や葬儀社の霊安室に遺体を安置した場合には、式場に遺体を移動をしなければなりません。

遺体を棺に納め、僧侶に枕経をあげてもらい、式場に移動します。この際に、本、洋服、タバコなど、亡くなった方に持たせたいものも準備

しておくとよいでしょう。

　葬儀社は式場で祭壇飾りや通夜会場、受付、通夜ぶるまい会場などの設営をするともに、遺体を納めた棺を安置してくれます。式場には供花が直接届きますので、誰から贈られたかを記録しておき、喪主、遺族、親族、友人・知人、関係企業・団体の順に配列します。

　また、会葬者には会葬御礼などを渡しますが、準備は葬儀社がしてくれますので、内容・数量などに間違いがないかを念のため確認します。なお、喪主は葬儀社との打ち合わせがあるため、葬儀社から指定された時間に会場に入ります。

■ 通夜

　通夜は、本来は葬儀・告別式の前夜に遺族や親しい人が線香と灯りを絶やさず夜を徹して遺体に付き添うものです。しかし、最近では、弔問客を迎えて1〜2時間程度の法要を行う半通夜が一般的になってきました。

　会葬者には、通夜ぶるまいをします。通夜ぶるまいでは、弔問していただいたお客様に酒や食事をふるまいますが、これには酒によるお清め

◆ 通夜の流れ

1 一同着席	▶	2 開式の辞	▶	3 僧侶入場	▶	4 読経	▶

5 焼香	▶	6 僧侶退場

の意味もあります。

　通夜の会場では、祭壇・棺に向かって右側に喪主、遺族、親族（血縁の濃い順）に着席し、左側には、葬儀委員長や世話役、友人・知人、職場関係者などが着席します。通夜は、葬儀社の司会のもと、前頁の図の流れで行われるのが一般的です。

　焼香は喪主、親族、会葬者の順に行います。会葬者には焼香が終わった順に退席していただき、礼状・会葬御礼（香典返し）を渡して通夜ぶるまいの席へ案内します。

　通夜ぶるまいでは、オードブルやすしなど簡単に食べられる料理で僧侶や会葬者を接待します。遺族が宿泊する場合は、僧侶や会葬者が帰った後も斎場に残り、交代で祭壇の灯・線香を絶やさずに棺守りをすることもあります。式場によっては消灯時間が決まっているところもあります。必要に応じて夜食や寝具も準備しておきましょう。

■ 葬儀・告別式

　一般的に故人が遺族や会葬者など生きている人に人生最後のお別れをする儀式のことを「葬儀式」と呼び、略して「葬儀」と言います。一方で遺族や会葬者が故人と最後のお別れをする儀式を「告別式」と言います（最近では、初七日法要を繰り上げて、式の中で行うことが多くなりました）。

　実際には２つの儀式を一緒に行うのが一般的です。葬儀・告別式は、葬儀社の司会のもと、次の図のような式次第に則って行います。

◆葬儀・告別式の式次第

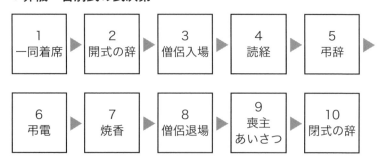

　葬儀・告別式が終わると続いて、棺の蓋を開け、喪主から故人との血縁が濃い順に短く切り取った供花を1輪ずつ棺に入れてお別れをします。これを別れ花と言います。

　次に棺に蓋をし、釘の頭を石で軽く打って閉じる釘打ちの儀を行い（行わないこともあります）、遺族や友人・知人数人で会場から運び出して霊柩車に乗せます。

　霊柩車は、長いクラクションとともに火葬場へ向けて出発し、一般会葬者は合掌して見送ります。

■ 火葬・お骨上げ（拾骨）

　火葬をするには「火葬許可証」が必要です（市区町村によって名称が異なる場合があります）。火葬場に到着したら「火葬許可証」を提示して棺を火葬炉の前に運びます。

　僧侶が同行している場合は読経、焼香を行って最後のお別れをします。火葬には1～2時間かかりますので、控室で飲食しながら過ごします。

　火葬が終わったら、お骨になった故人を会葬者で囲み、つながりの近

い遺族、近親者、友人の順に2人1組でお骨を拾い上げます。お骨上げ（拾骨）が終わったら、骨壺に納められたご遺骨と「埋葬許可証」を受け取り、式場または自宅へ戻ります。「埋葬許可証」は後に納骨に必要な大切な書類です。紛失しないように、骨壺の箱に入れられることがほとんどです。

■ 還骨法要・初七日・精進落し

　火葬場から式場または自宅に戻ったら「お清め塩」を行い（浄土真宗などは行いません）、机を白布で覆った「後飾り祭壇」に遺骨、位牌、遺影を安置します。その後、僧侶に読経・供養をしてもらい、焼香します。これを還骨法要と呼びます。

　続いて、初七日法要を行います。初七日法要は本来、亡くなった日から7日目に行うものですが、会葬者の負担を軽減するために、葬儀・告別式と同日に行うのが一般的になっています。

　初七日法要の後は、僧侶や世話役、関係者など、葬儀でお世話になった方々をねぎらう精進落しを行います。

　精進落しの席では、お世話になった方々を上座にすえ、喪主や遺族は末席に座ります。葬儀が無事に済んだことに対して喪主がお礼の言葉を述べ、1時間ほどでお開きにします。

　終了後にお布施やお礼、遠方から来ていただいた方へのお車代などを渡します。なお、式場で還骨法要などを行う場合でも、自宅にも「後飾り祭壇」を整えて、埋葬・納骨までご遺骨、位牌、遺影を安置し、毎日焼香するなどして故人の冥福を祈ります。

　位牌は、葬儀に使用したものは仮位牌といわれ、白木のものがほとん

どです。埋葬納骨などの次の法要までに、本位牌（塗りの位牌）を用意することも忘れないようにしましょう。

　なお、葬儀後には世話役、受付、会計など事務を担当してもらった関係者から伝言などを聞き、芳名帳、香典、香典帳、供花・供物の控え、弔電、弔辞、領収証などを受け取り、引継を確実に行います。

　なお、葬儀の執り行い方は一例です。地方や葬儀社によっても異なりますので、よく相談しましょう。

4 葬儀後にすべきこと

■四十九日までにしておきたいこと

　仏式では、亡くなってから数えて7日ごとに法要を行うのが基本ですが、現在では四十九日目までの法要（忌中法要）は省略されることが多くなっています。

　つまり、7回目の法要が「四十九日」となります。仏壇を購入する場合は四十九日までに準備しておきます。四十九日法要では、白木位牌から戒名などを入れた本位牌（塗りの位牌）に作り変え、仏壇に安置します。

　また、四十九日までには、挨拶回りと葬儀の基本台帳の整理とお礼状の発送などをしておきたいところです。

[基本台帳の整理]

　葬儀社への支払いや飲食費の支払いなどをできるだけ1週間以内に済ませ、領収証などをもとに、葬儀にかかった費用を整理します。

　また、四十九日後にお礼状や香典返し、相続税の申告、相続手続などを滞りなく行うために、芳名帳、香典帳などから親族、会葬者、費用などに関する基本台帳を作成しておきます。

[挨拶回り・お礼状]

　葬儀後、2〜3日の間に菩提寺や世話役・各係の担当者、近所の方などに挨拶し、お礼の品などを手渡します。

　葬儀直後の挨拶回りはなるべく喪服を着用し、2〜3日が過ぎたあとは、地味な平服を着用するようにします。

　また、弔電をいただいた方や遠方からの会葬者、香典・供花・供物を送っていただいた方には、お礼状を出します。

■ 一周忌までにしておきたいこと

　自宅に安置している遺骨は、仏式では四十九日、百か日、一周忌などにお墓に納骨するのが一般的です。

　新しく墓地を用意する場合、墓地には、寺院の墓地のほかに、地方自治体が運営する公営墓地や、民営の墓地などがあります。公営の墓地は、場所によって募集条件や募集時期が異なり、定期的な募集を行っていないところもありますので注意してください。

　墓地を選ぶ際、予算はもちろんですが、墓参りをする際の交通の便なども考慮しましょう。また、最近は、お墓ではなく納骨堂に安置することも多くなっています。納骨する際は、埋葬許可証が必要となります。

　一周忌までには以下のこともすませておきましょう。

[香典返し]

　葬儀時に即日返しするのではなく、後日返しする場合は、忌明け（四十九日を過ぎた後）に挨拶状を添えて送ります。金額の目安は、いただいた香典の額の2分の1から3分の1程度です。

[形見分け]

　故人の遺品を整理して、親交のあった方に形見として贈ります。形見分けは忌明けに行うのが一般的で、目上の方には失礼にあたる場合があるので、原則として控えます。

　なお、形見分けは相続財産の対象にならないものに限るのがよいでしょう。宝飾品や美術品などは形見分けよりも遺産分割協議などで分配したほうがトラブルを避けることにつながります。

相続財産の対象に なるものの例
現金／有価証券／ 宝飾品／土地／ ゴルフ会員権／ 骨董品／美術品など
金銭に見積ることが できるものすべて

■ 新盆と年忌法要

　亡くなった日の同月同日を「祥月命日」といい、毎年の祥月命日に年忌法要を行います。1年目の祥月命日に一周忌、2年目に三回忌を営みます。

　亡くなった時を一回としますので、1年目は一周忌（二回忌）、2年目は三回忌となります。

　以降、七回忌、十三回忌、十七回忌、二十三回忌、二十七回忌、三十三回忌（中略）五十回忌……と続きます。また、忌明け（四十九日忌）を迎えた後に初めて迎えるお盆を新盆といい、特にていねいに供養します。

5 さまざまな形の葬儀

　仏教式ではなく、神式やキリスト教式で葬儀が行われる場合もあります。また、最近は、宗教にとらわれない新しい葬儀が増えてきています。ここでは、代表的な葬儀の形について紹介しましょう。

■ 神式の葬儀

　神式と言っても葬儀は神社で行うわけではありません。自宅や一般の斎場に神職を招いて、図のような式次第で行われます。

　臨終後、遺体を自宅に搬送して、枕飾り、枕直しの儀を行い、遺体を棺に納めて納棺の儀を行います。通夜祭は仏教式の葬儀の通夜に当たるものです。

　遷霊祭は、故人の霊を霊璽に移す儀式で、通夜祭に続けて行われます。霊璽は亡くなった方の霊の代わりとしてまつるもので仏教式の位牌にあたるものです。葬場祭は、仏式の葬儀にあたります。また、霊祭・式年祭は、亡くなった日から 10・20・30・40・50・100 日目に霊祭、

◆神式の葬儀の式次第

| 1
臨終 | ▶ | 2
通夜祭 | ▶ | 3
遷霊祭 | ▶ | 4
葬場祭 | ▶ | 5
霊祭・
式年祭 |

1・2・3・5・10・20・30・50・100年目に式年祭を行います。

■キリスト教式の葬儀

　キリスト教式葬儀（ここではカトリック式の場合を例として取り上げます）は、図の式次第で行われます。仏教式と共通するものいくつかありますが、葬儀と告別式を別に行うのが大きな違いです。

　通夜では神父による聖書の朗読、聖歌、追悼説教、祈とう後、献花などを行います。葬儀（葬儀ミサ）では、教会の祭壇に棺を安置し、神父による葬儀あいさつ、故人へのお祈り、聖書朗読、説教などを行います。

　続く告別式では、故人の略歴紹介の後、神父による聖水・献花、短いお祈りをし、神父退場後に弔辞を行います。出棺・お骨上げは、仏教式と同様です。

　亡くなった日から3日目、7日目、1か月目に追悼ミサ、1年目に死者のための命日祭を行います。

◆キリスト教式（カトリック式）の葬儀の式次第

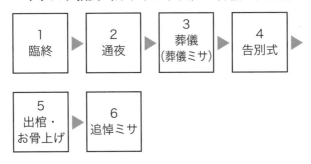

※宗派や教会により、儀式の名称や内容、手順などが異なる場合があります。

■ 家族葬・密葬・直葬

最近は家族などごく親しい人のみで葬儀を行うことも増えています。

［家族葬］

家族や家族に準じた、ごく親しい人のみで通夜と葬儀を行う方法です。

［密葬］

後日、本葬を執り行うことを前提に近親者だけで通夜・葬儀を行うことを密葬といいます。

［直葬］

通夜と葬儀・告別式を省略し、直接火葬場へ遺体を搬送して火葬する形式を直葬などといわれております。火葬式という場合もあります。

■ 葬儀の形式と費用

葬儀費用について、家族葬・密葬にすれば費用の負担が軽くなると思われるかもしれませんが、そうとも限りません。

交友関係が広い故人ならば、一般葬にすると弔問に訪れる方が多くなります。すると香典も多く集まります。地方によっては町内でお金を出し合うところもあるので、一般葬のほうが黒字になることもあります。

また、家族葬や密葬にすると、「後日亡くなったことを知った方たちがお悔やみを述べに自宅を訪れ、その対応に遺族が追われて大変な思い

をすることもある」と、霊園・墓石の総合会社なぎさグループの葬祭ディレクターである鳥居さんはおっしゃいます。故人の交友関係などを勘案して決めるとよいでしょう（葬儀費用の目安は P.36 に掲載）。

霊園・墓石の総合会社　『なぎさグループ』

［ご葬儀のお申し込み、ご相談］

フリーダイヤル　0120-86-7676

本社　東京都墨田区江東橋 4-29-13

TEL：03-3631-1551（代表）　FAX：03-3635-4587

URL　https://www.nagisa-group.com

◆ 葬儀の費用 (横浜市の一例を取り上げています)

● : 費用がかかる ▲ : 必要に応じて、あるいは希望に応じてかかる
◆ : 金額が安くすむ ✕ : なし

	一般葬	一日葬	家族葬	直葬 (火葬式)	費用の目安〈例〉
祭壇・葬具 一式	●	●	●	✕	パック料金で35〜350万円＊
車両 式場から火葬場までの送迎、マイクロバス、ハイヤー	●(移動距離が短ければ不要)	●(移動距離が短ければ不要)	▲(参列者が少ない分安くなることも)	✕	
式場	●	◆(通夜の分は不要、費用を抑えられる)	●	✕	火葬場に併設された式場を利用 横浜市民:1室8万円 大ホールは22万円 市民以外:1室12万円 大ホールは33万円
生花、花環	▲	▲	▲	✕	ひとつ1万5,000円〜
火葬料金	●	●	●	●	市民1万2,000円、市民以外5万円
参列者への返礼品	●	●	◆(参列者が少ない分、費用を抑えられる)	✕(家族以外の参列者がいるときは必要になることも)	1,000円〜✕人数分
通夜・告別式の料理	●	◆(通夜の分は不要、その分費用を抑えられる)	◆(参列者が少ない分、費用を抑えられる)	✕	3,500円程度×人数分ほか飲み物代がかかる
お布施 (お寺などに払うもの)	▲(宗教により不要)	◆(宗教により不要、読経料は通夜の分は不要、その分費用を抑えられる)	▲(宗教により不要)	✕(希望することも可能)	仏教、葬儀謝礼20万円〜戒名料10万円〜

※その他 (火葬場での休憩室利用、後飾り祭壇、貸衣装など希望に応じて手配)
＊パックの内訳 35万円パック:祭壇、棺、棺布団、仏衣、収骨容器、ドライアイス、遺体保全料、白木位牌、受付用具、焼香用具、遺影写真、枕飾り、寝台車
100万円パック:35万円パック＋祭壇ランクアップ、霊柩車、式場大看板、音響設備、案内看板、会葬礼状、門前提灯などが追加
350万円パック:100万円パック＋祭壇ランクアップ、供物 (果物盛り合わせ、菊花糖)、遺体ケア (湯かん、ラストメイク)、ハイヤー、マイクロバスなどが追加
出典:なぎさグループ

コラム　埋葬方法にも新しい形が登場

　葬儀の形と同様に埋葬方法にさまざまな形が登場しています。代表的なものを紹介しましょう。

[樹木葬]

　墓石の代わりに樹木をシンボルとするお墓です。シンボルとする木の周りに遺骨を埋葬します。樹木葬は墓守を必要としない永代供養が一般的なので、おひとり様や子どものいない夫婦などの利用が多いようです。

[散骨]

　散骨は遺骨を細かく砕き、海に撒く方法です。すべての骨を散骨する場合もありますし、一部を散骨する場合もあります。海にゆかりがある暮らしをしていた方やマリンスポーツが好きだった方などが利用するケースが多いようです。

6 亡くなった方が受け取っていた年金等の手続き

■ 年金の仕組み

　身内が亡くなったときの年金手続きには大きく分けて2種類あります。

　一つは、年金の受給停止手続きです。未支給年金がある場合には、合わせて手続きします。

　もう一つは遺された家族が受け取ることができる遺族年金の手続きです。亡くなった方が一定の条件を満たすと、遺族は遺族基礎年金や遺族厚生年金を受け取ることができます。

　手続きは加入している公的年金の種類によっても変わります。

　手続き方法を紹介する前に、公的年金制度の仕組みについて簡単におさらいしておきましょう。

　加入している公的年金制度は、働き方によってP.39の図のように分かれています。

　民間企業の会社員や公務員等は、国民年金の第2号被保険者と呼ばれ、国民年金と厚生年金に加入しています。会社によっては企業型確定拠出年金（DC）や確定給付企業年金（DB）に加入している場合もあります。また、個人型確定拠出年金（iDeCo）に加入することもできます。

　公務員は以前、国民年金と共済年金に加入していましたが、現在は厚

生年金と共済年金が一元化されました。

　自営業等の場合には、国民年金のみに加入し第1号被保険者と呼ばれています。第1号被保険者の国民年金保険料は収入額にかかわらず、一定額を支払っています。

　国民年金の第2号被保険者に扶養されている配偶者の場合には、要件を満たせば自分では直接保険料を負担せずに国民年金に加入することになります（第3号被保険者）。

　なお、いずれの職業の場合も個人型確定拠出年金（iDeCo）に加入できます。加入できる金額は職業などによって異ります。

◆公的年金のしくみ

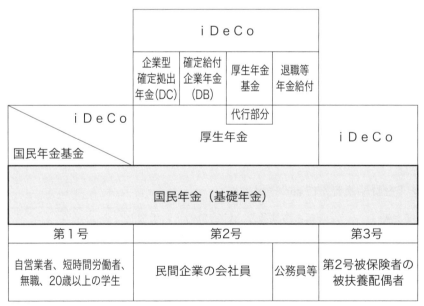

iDeCo			
企業型確定拠出年金(DC)	確定給付企業年金(DB)	厚生年金基金	退職等年金給付

| iDeCo | | 代行部分 | | iDeCo |
| 国民年金基金 | | 厚生年金 | | |

| 国民年金（基礎年金） |

第1号	第2号		第3号
自営業者、短時間労働者、無職、20歳以上の学生	民間企業の会社員	公務員等	第2号被保険者の被扶養配偶者

出典：厚生労働省「年金制度の体系図」を基に作成

■ 受給停止の手続き

　年金を受け取っていた方が亡くなった場合には、年金の受給停止手続きをしなくてはなりません。

　そもそも年金は年6回、偶数月の15日に前2か月分が支給されます。たとえば、2月に支給される年金は12月分と1月分になります。年金は亡くなった月の分まで受け取ることができます。

　受給停止手続きは、国民年金は亡くなってから14日以内、厚生年金は10日以内に届け出ることになっています。手続きを忘れていると、年金が支払われてしまい、その分を返還しなければならなくなります。

　受給停止手続きをするには、年金事務所または最寄りの街角の年金相談センターに年金受給権者死亡届を提出します。その際には、下図の書類を添付します。

　マイナンバーが日本年金機構に収録されている方については、マイナンバーで確認できますので年金受給権者死亡届の提出は不要です。

　届け出が遅れると、年金が支払われてしまうことがあります。過払いの年金を返却する際は、全額を一括して支払わなくてはならず、手続き

◆年金受給権者死亡届の提出

提出先	年金事務所または街角の年金相談センター
届け出できる人	遺族等
必要書類	亡くなった方の年金証書、死亡の事実を明らかにできる書類＝戸籍抄本、市区町村長に提出した死亡診断書（死体検案書等）のコピーまたは死亡届の記載事項証明書
提出期限	死亡の事実を知った日から国民年金は14日以内、厚生年金は10日以内。

※死亡した方のマイナンバーが日本年金機構に収録してあれば、年金受給権死亡届の提出は必要ない。

も大変ですので、すみやかに年金受給権者死亡届を提出するようにしましょう。

■ 未支給年金の受給手続き

　一方で亡くなった方が受け取ることができたはずの年金が、口座凍結で振り込まれなかったなどで、未支給になっている年金がある場合には、親族などが受給できます。受給できる親族は優先順位が決まっており、生存している方の中で優先順位が最も高い人が受給できます。

　手続きの際には、「未支給【年金・保険給付】請求書」に次頁の書類を添えて、年金事務所または最寄りの街角の年金相談センターに請求します。

　なお、亡くなった方の未支給年金（以下、年金）は、その年金を受け取った方の一時所得に該当し、確定申告が必要になる場合がありますので注意が必要です。年金を受け取る方のその年分において、その年金を含む一時所得の金額※は以下のように計算します。

一時所得の金額 ＝ 総収入金額 － 収入を得るために支出した金額※ － 特別控除額 ［最高50万円］

※その収入を得るために直接要した金額に限る

◆未支給年金の優先順位

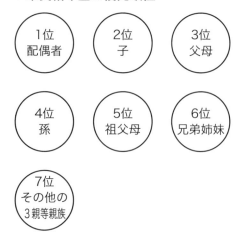

◆未支給【年金・保険給付】請求書の提出

提出先	年金事務所または最寄りの街角の年金相談センター
届け出できる人	未支給年金受給者
必要書類	・亡くなった方の年金証書、亡くなった方と請求する方の身分関係が確認できる書類（戸籍謄本等） ・亡くなった方と請求する方が生計を同じくしていたことがわかる書類（住民票の写し／コピー不可、マイナンバーの記載のないもの） ・受け取りを希望する金融機関の通帳（コピー可） ・亡くなった方と請求する方が別世帯の場合は生計同一についての別紙
提出期限	死亡の事実を知った日から5年を経過すると、未支給年金を受け取る権利は時効により消滅します。

■ 遺族基礎年金の手続き

　遺族基礎年金は、下記の4つの要件のうち、いずれかの要件に当てはまる方が亡くなられた場合、亡くなられた方によって生計を維持されていた「子のある配偶者」または「子」が受け取ることができるものです。

　「生計を維持されていた」とは、亡くなった方と生計を同一にしていた方で、原則として年収850万円未満の方が該当します。おおむね5年以内に、定年退職などによって年収850万円未満になる場合も含みます。

　また、年金法上の「子」とは、亡くなった時点で18歳に到達する年度末までの子ども、または20歳未満で障害年金の障害等級1級または2級の子どものことを言います。

　つまり、「生計を維持されて」いても子どものいない妻は受け取ることはできません。

〈遺族基礎年金の受給条件（亡くなった方の要件）〉

1　亡くなった方が国民年金の被保険者であった場合。

2　亡くなった方が国民年金の被保険者であった60歳以上〜65歳未満で、日本国内に住所を有していた場合。

3　亡くなった方が老齢基礎年金の受給権者だった場合。

4　亡くなった方が老齢基礎年金の受給資格期間が25年以上あった場合。

　遺族基礎年金の受給額は次頁の式で計算されます。

〈遺族基礎年金の受給額の計算式〉

$$\boxed{78万1,700円} + \boxed{子の加算}$$

- ・第 1 子・第 2 子 = 各 22 万 4,900 円
- ・第 3 子以降 = 各 7 万 5,000 円

　たとえば、遺された家族が配偶者と受給条件を満たす子ども 3 人だった場合、78 万 1,700 円 +（22 万 4,900 円 + 22 万 4,900 円 + 7 万 5,000 円）で年額 130 万 6,500 円となります。

※上記金額は 2020 年度の金額です。

■ 手続きしなければもらえない

　遺族基礎年金は手続きをしなければ受け取れません。受給資格を満たしている場合には、下記の必要書類を添えて住所地の市区町村役場に提出します。死亡日が国民年金第 3 号被保険者期間中の場合は、年金事務所または街角の年金相談センターになります。下記の必要書類を添えて年金請求書を提出します。

◆遺族基礎年金の必要書類

年金手帳	死亡者の戸籍謄本	死亡者と請求者の住民票★
死亡者の住民票除票★	請求者の所得証明書★	在学証明書(高校在学の場合)★
死亡診断書	受取先金融機関の通帳等（コピー可）と印鑑	

★印の書類はマイナンバーを記入することで添付を省略できます。

　遺族基礎年金を受け取れない場合でも、「寡婦年金」や「死亡一時金」を受け取れる場合があります。

■ 寡婦年金

寡婦年金は、国民年金の第 1 号被保険者として保険料を納めた期間（免除期間を含む）が 10 年以上ある夫が亡くなった場合で、婚姻期間が 10 年以上あり、生計を維持されていた 65 歳未満の妻が受け取ることができます。受給期間は妻が 60 歳以上 65 歳未満の間です。

受け取れる年金額は、夫の第 1 号被保険者期間だけで計算した老齢基礎年金額の 4 分の 3 の額です。

なお、すでに夫が老齢基礎年金を受け取っている場合と妻が老齢基礎年金を繰り上げ受給している場合には支給されません。

■ 死亡一時金

死亡一時金は、亡くなった方が国民年金の第 1 号被保険者として保険料を納めた月数が 36 か月以上あり、老齢基礎年金・障害基礎年金を受け取っていない場合に支給されます。

対象となるのは、亡くなった方と生計を同じくしていた遺族で、下記の優先順位の最も高い人が受給できます。

死亡一時金の額は、保険料を納めた月数に応じて 12 万円〜 32 万円です。

付加年金の付加保険料を納めた月数が 36 か月以上ある場合は、8,500 円が加算されます。

＊付加年金

国民年金の第 1 号被保険者が付加保険料（月額 400 円）をプラスして納付すると、老齢基礎年金に付加年金が上乗せされる制度です。なお、

◆死亡一時金の優先順位

遺族が、遺族基礎年金の支給を受けるときは支給されません。

　寡婦年金を受ける場合は、死亡一時金か寡婦年金かのどちらか一方を選択します。死亡日の翌日から2年が経過すると、時効により死亡一時金を受ける権利はなくなります。

■ 遺族厚生年金

　亡くなった方が厚生年金に加入していた期間があり、一定の要件を満たすと遺族厚生年金を受給することができます。遺族共済年金制度と遺族厚生年金制度は2015年10月に一元化され、それ以降は遺族厚生年金として受給することになりました。一定の要件とは下記のうち、いずれかを満たす場合です。

〈遺族厚生年金の受給条件（亡くなった方の要件）〉

1　亡くなった方が厚生年金の被保険者であった場合。

2　厚生年金の被保険者期間に初診日がある病気やけがが原因で、初診日から5年以内に亡くなった場合。

3　亡くなった方が1・2級の障害厚生（共済）年金を受け取っていた場合。

4　亡くなった方の老齢厚生年金の受給資格期間が25年以上あった場合。

　遺族厚生年金の支給対象となるのは、亡くなった方に生計を維持されていた方で、妻（年齢制限なし）、子、55歳以上の夫、父母、孫、祖父母です。

　「子、孫」の場合には、18歳到達年度の年度末を経過していない子・孫または20歳未満で障害年金の障害等級1・2級の子・孫が対象です。

　「55歳以上の夫、父母、祖父母」の場合には、支給開始は60歳からとなります。ただし、夫の場合は遺族基礎年金を受給中の場合に限り、遺族厚生年金も合わせて受給できます。

　遺族厚生年金の年金額は、受給資格期間を満たしている場合は、原則として老齢厚生年金の報酬比例部分の4分の3となります。受給資格期間を満たしていない場合には、被保険者期間を300月とみなして計算します。遺族厚生年金は受給者が亡くなるまで受け取れます。

　受給手続きに関して、在職中に亡くなった場合は、最後に勤務した会社を管轄する年金事務所、退職後に亡くなった場合は、年金事務所または街角の年金相談センターに、下記の必要書類などを添えて年金請求書を提出します。

◆遺族厚生年金の必要書類

年金手帳	死亡者の戸籍謄本	死亡者と請求者の住民票★
死亡者の住民票除票★	請求者の所得証明書★	在学証明書（高校在学の場合）★
死亡診断書	受取先金融機関の通帳等（コピー可）と印鑑	

★印の書類はマイナンバーを記入することで添付を省略できます。

〈30 歳未満の妻の場合〉

　夫が亡くなった時に 30 歳未満で子がいない妻は、遺族厚生年金は 5 年間の有期年金になります。また、遺族基礎年金を受給できなくなった（子の養子縁組など）時点で 30 歳未満だった場合も 5 年間の有期年金となります。

〈65 歳以上の方の場合〉

　65 歳以上の方は、自分の老齢基礎年金を受給すると同時に遺族厚生年金も受給することができます。自分の老齢厚生年金も受給する権利がある場合は、まず老齢厚生年金を受給し、遺族厚生年金のほうが高い場合はその差額が支給されます。

◆老齢厚生年金と遺族厚生年金を受け取れる場合

　妻が 65 歳から老齢厚生年金と遺族厚生年金を受け取れる場合で、老齢厚生年金が 100 万円、遺族厚生年金 200 万円のときは、遺族厚生年金のほうが 100 万円多いので、以下のようになります。

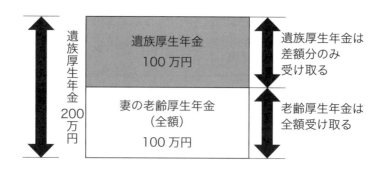

■ 中高齢寡婦加算

　厚生年金を納付していた夫が亡くなり妻が遺族厚生年金を受け取る場合、下記のいずれかに該当すると、40歳から65歳になるまでの間、58万6,300円（2020年度年額）が加算されます。これを中高齢寡婦加算額といいます。

〈中高齢の寡婦加算の要件〉

・夫が亡くなったときに妻が40歳以上65歳未満で、生計を同じくしている「子」がいない場合（「子」とは18歳到達年度の末日（3月31日）を経過していない子どもまたは20歳未満で障害者等級1級または2級の子どものことです）。

・遺族厚生年金と遺族基礎年金を受け取っていた子のある妻（40歳に達した当時、子がいて遺族基礎年金を受け取っていた場合）が、子が成長し遺族基礎年金を受け取ることができなくなった場合。

■ 経過的寡婦加算

　中高齢寡婦加算は、妻の年齢が65歳になった時点で受給が終了します。代わって妻自身の老齢基礎年金の受給が始まります。

　ただ、妻の生年月日によっては老齢基礎年金の受給額が低くなってしまうので、それを補うために経過的寡婦加算が受け取れる場合があります。

経過的寡婦加算の額は、昭和 61 年 4 月 1 日において 30 歳以上の方が 60 歳に達するまで国民年金に加入した場合の老齢基礎年金の額に相当する額と合わせ、中高齢寡婦加算の額と同額になるよう決められています。

コラム 昭和 31 年 4 月 1 日までに生まれた人まで

老齢基礎年金に経過的寡婦加算が上乗せされるのは、昭和 31 年 4 月 1 日までに生まれた方です。経過的寡婦加算は、中高齢寡婦加算が 65 歳で終了するため、それを補う目的で支給されているものです。ところが、昭和 31 年 4 月 2 日生まれ以降の人は経過的寡婦加算の対象とならないため、65 歳以降に年金受給額が大きく減る可能性があります。生活設計が大きく変わってしまうので注意が必要でしょう。

■ 国民年金の第 3 号被保険者の手続き

配偶者が亡くなった場合、国民年金の「第 3 号被保険者」であった妻（または夫）（P.39 年金のしくみ図を参照）は、第 1 号被保険者への種別変更の手続が必要です。住所地のある市区町村役場に、年金手帳とともに国民年金被保険者種別変更届書を 14 日以内に提出します。

第 3 号被保険者の間は、直接、保険料の納付は必要ありませんでしたが、第 1 号被保険者は国民年金保険料を自分で納付します。

収入がないなどの理由で保険料の納付が難しい場合は、保険料免除の

申請を行うことも可能です（保険料免除制度・納付猶予制度があります）。

　配偶者の死後に就職する場合は、70歳未満であれば勤務する会社の厚生年金に加入します。パート・アルバイトで勤務する場合でも、労働時間や労働日数、会社の規模などによっては厚生年金の被保険者となることもあります。

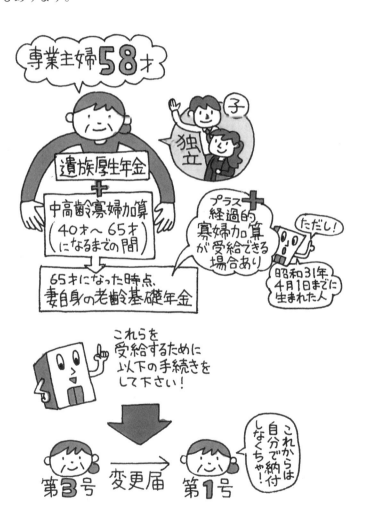

■ 年金請求書（国民年金）の記入例

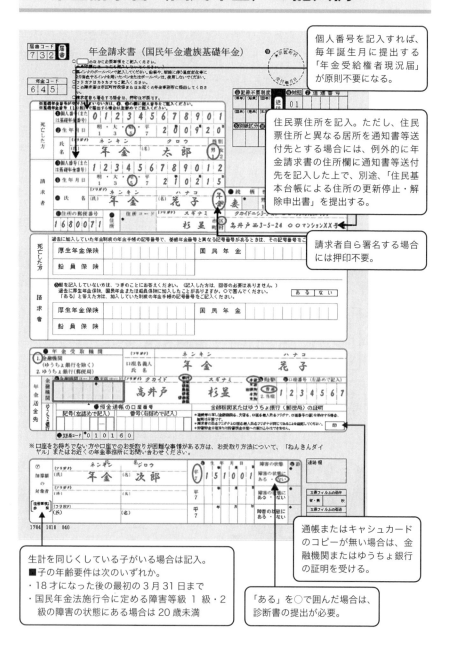

個人番号を記入すれば、毎年誕生月に提出する「年金受給権者現況届」が原則不要になる。

住民票住所を記入。ただし、住民票住所と異なる居所を通知書等送付先とする場合には、例外的に年金請求書の住所欄に通知書等送付先を記入した上で、別途、「住民基本台帳による住所の更新停止・解除申出書」を提出する。

請求者自ら署名する場合には押印不要。

通帳またはキャッシュカードのコピーが無い場合は、金融機関またはゆうちょ銀行の証明を受ける。

生計を同じくしている子がいる場合は記入。
■子の年齢要件は次のいずれか。
・18才になった後の最初の3月31日まで
・国民年金法施行令に定める障害等級1級・2級の障害の状態にある場合は20歳未満

「ある」を○で囲んだ場合は、診断書の提出が必要。

すでに年金を受け取っている場合、または、他の年金を請求手続き中の場合は○で囲む。

② あなたは、現在、公的年金制度等（表1参照）から年金を受けていますか。○で選んでください。

1.受けている	2.受けていない	3.請求中	制度名（共済組合名等）		年金の種類

受けていると答えた方は、下欄に必要事項をご記入ください（年月日は支給を受けることになった年月日をご記入ください）。

制度名（共済組合名等）	年金の種類	年 月 日	年金証書の年金コードまたは記号番号等
イ	老齢	昭和 19・2・14	1150
		・・	
		・・	

「年金の種類」とは、老齢または退職、障害、遺族をいいます。

● 年金コードまたは共済組合コード・年金種別

1				
2				
3				

請求者本人が年金を受け取っている場合に記入。原則として2つ以上の年金を同時に受け取ることはできない。いずれか一方の年金を選ぶことになる。

● 上 外		● 傷 病 名	● 診 断 書	● 有
上 外 1・2				

● 受給権発生年月日	●時止事由	● 停 止 期 間	● 条 文
元号 年 月		元号 年 月 元号 年 月	0 1 3 7 0 0

● 他 制 度 満 了　　● 合 算 対 象 記 録 1

	2	3
元号 年 月 元号 年 月	元号 年 月 元号 年 月	元号 年 月 元号 年 月

4	5	● 6	7
元号 年 月 元号 年 月	元号 年 月 元号 年 月	元号 年 月 元号 年 月	元号 年 月 元号 年 月

8	9	10	● 11
元号 年 月 元号 年 月	元号 年 月 元号 年 月	元号 年 月 元号 年 月	元号 年 月 元号 年 月

12	13	14	15
元号 年 月 元号 年 月	元号 年 月 元号 年 月	元号 年 月 元号 年 月	元号 年 月 元号 年 月

● 共済コード　　　共済記録1

	2
元号 年 月 元号 年 月 医併 併算	元号 年 月 元号 年 月 医併 併算

3	●	4
元号 年 月 元号 年 月 医併 併算		元号 年 月 元号 年 月 医併 併算

5	6
元号 年 月 元号 年 月 医併 併算	元号 年 月 元号 年 月 医併 併算

● 7	8
元号 年 月 元号 年 月 医併 併算	元号 年 月 元号 年 月 医併 併算

● 摘 要		● 追 加 区 分	● 時 効 区 分
	摘 要		

★ 市区町村からの連絡事項	未 納 保 険 料 の 納 付	有 昭和・平成 年 月分から 無 昭和・平成 年 月分から	差額保険料の未納分の納付	有 昭和・平成 年 月分から 無 昭和・平成 年 月分から
	保険料の還納	有 昭和・平成 年 月分から 無 昭和・平成 年 月分から	検認票の添付	有 ・ 無

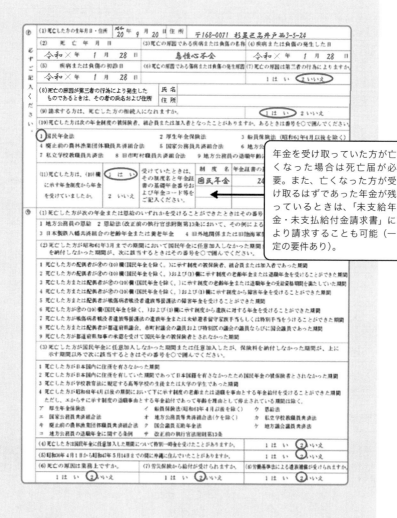

	(1)死亡した方の生年月日・住所	昭和 20 年 9 月 20 日 住所	〒168-0071 杉並区高井戸西3-5-24		
	(2) 死 亡 年 月 日	(3)死亡の原因である傷病または負傷の名称	(4)傷病または負傷の発生した日		
	令和 × 年 1 月 28 日	急性心不全	令和 × 年 1 月 28 日		
	(5) 傷病または負傷の初診日	(6)死亡の原因である傷病または負傷の発生原因	(7)死亡の原因は第三者の行為によりますか。		
	令和 × 年 1 月 28 日		1 は い　②いいえ		

(8)死亡の原因が第三者の行為により発生した
ものであるときは、その者の氏名および住所
氏 名
住 所

(9)請求する方は、死亡した方の相続人になれますか。　①は い　2 いいえ

(10)死亡した方は次の年金制度の被保険者、組合員または加入者となったことがありますか。あるときは番号を○で囲んでください。

①国民年金法　　2 厚生年金保険法　　3 船員保険法（昭和61年4月以後を除く）
4 廃止前の農林漁業団体職員共済組合法　5 国家公務員共済組合法　6 地方公務員等共済組合法
7 私立学校教職員共済法　　8 旧市町村職員共済組合法　　9 地方公務員の退職年金に関する条例

(11)死亡した方は、(10)欄
に示す年金制度から年金
を受けていましたか。　①は い　2 いいえ

受けていたときは、
その制度名と年金証
書の基礎年金番号お
よび年金コード等を
ご記入ください。

制 度 名	年金証書の記号番号
国民年金	24...

(1)死亡した方が次の年金または恩給のいずれかを受けることができたときはその番号
1 地方公務員の恩給　　2 恩給法（改正前の執行官法附則第13条において、その例による
3 日本製鉄八幡共済組合の老齢年金または養老年金　　4 旧外地関係または旧陸海軍...
(2)死亡した方が昭和61年3月までの期間において国民年金に任意加入しなかった期間
を納付しなかった期間が、次に該当するときはその番号を○で囲んでください。
1 死亡した方の配偶者が②の(10)欄（国民年金を除く）に示す制度の被保険者、組合員または加入者であった期間
2 死亡した方の配偶者が②の(10)欄（国民年金を除く）、および①欄に示す制度から老齢年金または退職年金を受給資格期間を満たしていた期間
3 死亡した方または配偶者が②の(10)欄（国民年金を除く）、に示す制度の老齢年金または退職年金の受給資格期間を満たしていた期間
4 死亡した方または配偶者が②の(10)欄（国民年金を除く）、および①欄に示す制度から老齢年金を受けることができた期間
5 死亡した方が戦傷病者戦没者遺族等援護法の障害年金を受けることができた期間
6 死亡した方が②の(10)欄（国民年金を除く）、および①欄に示す制度から遺族に対する年金を受けることができた期間
7 死亡した方が戦傷病者戦没者遺族等援護法の遺族年金または未帰還者留守家族手当もしくは特別手当をうけることができた期間
8 死亡した方が都道府県議会、市町村議会の議員および特別区の議会の議員ならびに国会議員であった期間
9 死亡した方が都道府県知事の承認を受けて国民年金の被保険者とされなかった期間
(3)死亡した方が国民年金に任意加入しなかった期間または任意加入したが、保険料を納付しなかった期間が、上に
示す期間以外で次に該当するときはその番号を○で囲んでください。
1 死亡した方が日本国内に住所を有さなかった期間
2 死亡した方が日本国内に住所を有していた期間であって日本国籍を有さなかったため国民年金の被保険者とされなかった期間
3 死亡した方が学校教育法に規定する高等学校の生徒または大学の学生であった期間
4 死亡した方が昭和61年4月以後の期間において下に示す制度の老齢または退職を事由とする年金給付を受けることができた期間
ただし、エからケに示す制度の退職事由とする年金給付であって年齢を理由として停止されている年金給付は除く。
ア 厚生年金保険法　　イ 船員保険法（昭和61年4月以後を除く）　　ウ 恩給法
エ 国家公務員共済組合法　　オ 地方公務員等共済組合法（ケを除く）　　カ 私立学校教職員共済法
キ 廃止前の農林漁業団体職員共済組合法　　ク 国会議員互助年金法　　ケ 地方議会議員共済法
コ 地方公務員の退職年金に関する条例　　サ 改正前の執行官法附則第13条
(4)死亡した方は国民年金に任意加入した期間について特別一時金を受けたことがありますか。　1 は い　②いいえ
(5)昭和36年4月1日から昭和46年5月14日までの間に沖縄に住んでいたことがありますか。　1 は い　②いいえ
(6)死亡の原因は業務上ですか。　1 は い　②いいえ
(7)労災保険から給付が受けられますか。　1 は い　②いいえ
(8)労働基準法による遺族補償が受けられますか。　1 は い　②いいえ

年金を受け取っていた方が亡くなった場合は死亡届が必要。また、亡くなった方が受け取るはずであった年金が残っているときは、「未支給年金・未支払給付金請求書」により請求することも可能（一定の要件あり）。

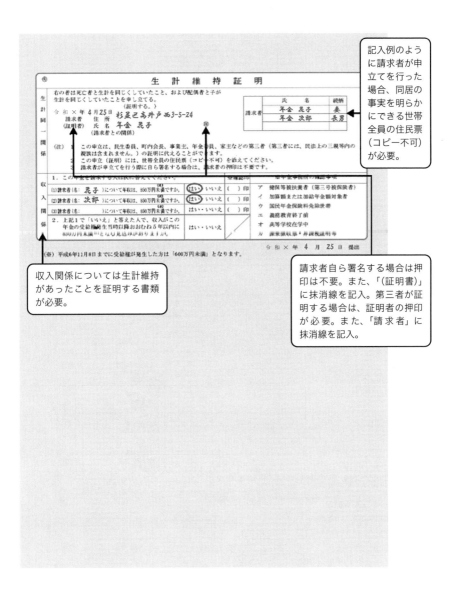

記入例のように請求者が申立てを行った場合、同居の事実を明らかにできる世帯全員の住民票（コピー不可）が必要。

収入関係については生計維持があったことを証明する書類が必要。

請求者自ら署名する場合は押印は不要。また、「（証明書）」に抹消線を記入。第三者が証明する場合は、証明者の押印が必要。また、「請求者」に抹消線を記入。

◎履　歴（公的年金制度加入経過） ⊕できるだけくわしく、正確にご記入ください。		請求者の自宅の電話番号（　　）-（　　）-（　　） 請求者の勤務先の電話番号（　　）-（　　）-（　　）		
(1)事業所（船舶所有者）の名称および 船員であったときは、その船舶名	(2)事業所（船舶所有者）の所在地 または国民年金加入時の住所	(3)勤務期間または国 民年金の加入期間	(4)加入していた年 金制度の種類	(5)備考
最初	杉並区高井戸西3-5-24	40・9・19から 17・9・19まで	①国民年金 2.厚生年金保険 3.厚生年金(船員)保険 4.共済組合等	
2		・・から ・・まで	1.国民年金 2.厚生年金保険 3.厚生年金(船員)保険 4.共済組合等	
3		・・から ・・まで	1.国民年金 2.厚生年金保険 3.厚生年金(船員)保険 4.共済組合等	
4		・・から ・・まで	1.国民年金 2.厚生年金保険 3.厚生年金(船員)保険 4.共済組合等	
5		・・から ・・まで	1.国民年金 2.厚生年金保険 3.厚生年金(船員)保険 4.共済組合等	
6		・・から ・・まで	1.国民年金 2.厚生年金保険 3.厚生年金(船員)保険 4.共済組合等	
7		・・から ・・まで	1.国民年金 2.厚生年金保険 3.厚生年金(船員)保険 4.共済組合等	
8		・・から ・・まで	1.国民年金 2.厚生年金保険 3.厚生年金(船員)保険 4.共済組合等	
9		・・から ・・まで	1.国民年金 2.厚生年金保険 3.厚生年金(船員)保険 4.共済組合等	
10		・・から ・・まで	1.国民年金 2.厚生年金保険 3.厚生年金(船員)保険 4.共済組合等	
11		・・から ・・まで	1.国民年金 2.厚生年金保険 3.厚生年金(船員)保険 4.共済組合等	
12		・・から ・・まで	1.国民年金 2.厚生年金保険 3.厚生年金(船員)保険 4.共済組合等	
13		・・から ・・まで	1.国民年金 2.厚生年金保険 3.厚生年金(船員)保険 4.共済組合等	

加入していた年金制度が国民年金のとき は、記入不要。

◎死亡した方が退職後、個人で保険料を納める第四種被保険者、船員保険の年金任意継続被保険者となったことがありますか。	1.は　い・2.いいえ
「はい」と答えた方は、保険料を納めた年金事務所（社会保険事務所）の名称をご記入ください。	
その保険料を納めた期間をご記入ください。	昭和・平成　年　月　日から昭和・平成　年　月　日
第四種被保険者（船員年金任意継続被保険者）の整理記号番号をご記入ください。	(記号)　　　　　(番号)

P.52～P.55 出典：日本年金機構ホームページを基に作成

■ 児童扶養手当の手続き

　遺族年金などの対象とならない場合でも児童扶養手当が受け取れる場合があります。

　児童扶養手当とは、配偶者が亡くなったり、離婚したりしたことでひとり親家庭となった場合などに、自治体から支給される手当です。受給するには一定の所得制限があります。遺族年金を受給している場合でも、その額が児童扶養手当の額より低い場合には、差額分の手当を受給することができます。

　対象者は、父または母が死亡した18歳到達年度末までの子（障害等

◆ 児童扶養手当支給額

	全部支給（月額）
1人目	43,160円
2人目加算額	10,190円
3人目以降加算額	6,110円

※一部支給額は所得に応じて10円単位で変動します。
（2020年度の金額）

級1級・2級に該当する場合は20歳未満）を監護する母や父、または祖父母などの養育者です。

受給者や生計が同じ扶養義務者の所得が一定以上あるときは、手当の全部または一部が支給停止されます。

受給手続きは住所地の市区町村役場に、請求者と対象児童の戸籍謄本、世帯全員の住民票、預金通帳などを添えて認定請求を行い、受給の認定を受けます。また、毎年8月に現況届の提出が必要です。

> **コラム** **母子家庭、父子家庭には低利で融資が受けられる制度も 「母子父子寡婦福祉資金」**
>
> ひとり親家庭の父母などが、就労や子どもの就学などで資金が必要となったときに、都道府県や指定都市、中核市から貸付を受けることができます。
>
> 貸付対象者は、母子家庭の母または父子家庭の父などで、20歳未満の子どもを扶養している方またはその子などです。修学・就職などの費用を限度額の範囲で貸付を受けることができ、返済時の負担を軽減するため貸付利率は無利子または年利1.0％で、償還期限は資金の種類により3～20年となっています。
>
> くわしくはお住まいの地区の自治体にお問い合わせください。

亡くなった方の健康保険・公的介護保険の手続き

健康保険に関する手続きには、亡くなった方の資格喪失のためのものと、遺族が新たに健康保険に加入するものの2つがあります。ここでは亡くなった方の分の手続きを紹介します。

■亡くなった方の健康保険の手続き

健康保険の被保険者や公的介護保険の保険証を持っていた方が亡くなった場合、資格喪失の手続きが必要です。

［会社員等（健康保険加入者の場合）］

健康保険の被保険者が亡くなられた場合は、被保険者の勤める会社を通して、5日以内に「健康保険・厚生年金保険被保険者資格喪失届」を年金事務所または健康保険組合に提出し、健康保険証を返却します（雇用保険は死亡翌日から10日以内）。

扶養されていた方（被扶養者）が亡くなった場合は、会社を通して「被扶養者（異動）届」を提出し、被扶養者分の健康保険証を返却します。

なお、全国健康保険協会（協会けんぽ）で健康保険の任意継続をしている場合は、保険証などとともに埋葬料等（後述）支給申請書を提出す

ることで資格喪失手続が行われます。健康保険組合で任意継続している場合は健康保険分の被保険者資格喪失届を、死亡が確認できる書類および保険証とともに健康保険組合に提出します。

＊任意継続とは

　会社を退職するなどで被保険者の資格を喪失したときに、一定の条件のもとに個人で健康保険に継続して加入できる制度です。

[自営業、老齢年金受給者等（国民健康保険加入者の場合)]

　亡くなった方が住んでいた住所地の市区町村役場に国民健康保険資格喪失届を提出し、健康保険証（世帯主死亡の場合は世帯全員分）を返却します。提出期限は14日以内です。

※世帯主死亡の場合は、世帯主変更後に再加入することになります。

[75歳以上の場合]

　亡くなった方が住んでいた住所地の市区町村役場に後期高齢者医療資格喪失届を提出し、後期高齢者医療保険の保険証を返却します。提出期限は14日以内です。

■亡くなった方の公的介護保険の手続き

　65歳以上の方（第1号被保険者）、または40歳以上65歳未満（第2号被保険者）で要介護認定を受けていた方は、介護保険資格喪失届を14日以内に市区町村役場に提出し、介護保険の保険証を返却します。

　介護保険負担限度額認定証等の交付を受けている場合は、あわせて返却します。

返却時に介護保険料を再計算し、介護保険料が納めすぎとなった場合は、その分が遺族に還付されます。

遺族のための健康保険の手続き

■ 健康保険の加入手続き

　会社員等だった方が亡くなった場合、扶養家族となっていた遺族は、新たに公的医療保険の手続きをしなければなりません。

　その選択肢は、右の表のような3種類があります。この中で最も保険料負担が少ないのは、子などの親族の扶養家族となる場合（ケース2）です。扶養家族になった場合、本人の保険料負担はありませんし、扶養者である家族の保険料が変わることはありません。

　これを機に仕事を始めるのであれば、健康保険加入の対象となる働き方にしてケース3を選択する方法もあります。正社員ではなく、パートやアルバイトとして働く場合でも、労働時間と労働日数が一般社員の4分の3以上である場合などは、健康保険加入の対象となります。ただし、501人以上の企業で働く場合には、週20時間以上勤務などの要件を満たすと加入対象となる場合があります。

　ケース2にも3にも該当しない場合は、ケース1となります。国民健康保険は、市区町村ごとに運営されているので、保険料は住所地によって異なります。

　また、国民健康保険には扶養という制度はありません。亡くなった方が国民健康保険に加入していたときは、遺族の方の健康保険について特

◆ 遺族の健康保険の選択肢

ケース1	自分で国民健康保険に加入する	住所地の市区町村役場に国民健康保険被保険者資格取得届を14日以内に提出します。
ケース2	ほかの家族の扶養家族になる	その家族の会社を通じて、生計維持の証明書類などを添付して被扶養者（異動）届を提出します。
ケース3	勤務する会社の健康保険に加入する	会社を通じて、被保険者資格取得届を提出します。パートやアルバイトでも、労働時間と労働日数が一般社員の4分の3以上である場合などは、健康保険の対象となります。 ※ただし、501人以上の企業で働く場合には週20時間以上勤務など加入対象となる場合があります。

段手続きは必要ありません。なお、亡くなったことで世帯の所得が低くなれば、翌年の健康保険料が下がります。

ケース2のように親族の扶養家族となれるのは、以下のような要件に当てはまる場合です。

《扶養者の認定》

　被扶養者に該当する条件は、被保険者に主として生計を維持されていることと、下記のいずれにも該当した場合です。

（1）収入要件

　　年収130万円未満（60歳以上または障害者の場合は、年収180万円）

　　かつ

　　同居の場合：収入が扶養者（被保険者）の収入の半分未満

　　別居の場合：収入が扶養者（被保険者）からの仕送り額未満

　なお、被扶養者の収入には、雇用保険の失業等給付、公的年金、健康保険の傷病手当金や出産手当金も含まれますのでご注意ください。

◆被扶養者の範囲

（三親等の親族図）

数字は親等数

以外のものは
同一世帯に属することが条件

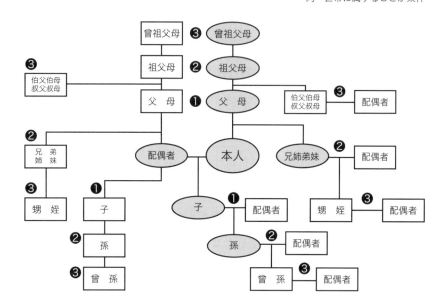

収入要件
・家族の年収が 130 万円未満（60 歳以上または障害厚生年金を受けられる程度の障害者
　の方は 180 万円未満）、かつ被保険者の年収の 2 分の 1 未満であること。
・別居の場合は、家族の年収が 130 万円未満（60 歳以上または障害厚生年金を受けられ
　る程度の障害者の方は 180 万円未満）、かつ、家族の年収が被保険者からの仕送り額よ
　り少ないこと。

出典：全国健康保険協会ホームページを基に作成

■ 埋葬料と葬祭費の請求

［埋葬料の請求］

　亡くなった方が加入していた健康保険などから、埋葬料（または埋葬費）や葬祭費など葬儀費用の一部が支給されますので忘れないように手続きしましょう。

　亡くなった方が会社員等で、健康保険組合または協会けんぽの健康保険に加入していた場合には、健康保険から埋葬料が支払われます。さらに健康保険組合の場合は、埋葬料に独自の付加給付が上乗せして支払われる場合があります。

　また、退職後に亡くなった場合でも、埋葬料を請求できる場合があります。たとえば協会けんぽの場合、次頁の３つのケースで請求が可能です。

◆退職後に埋葬料を請求できるケース

〈ケース１〉　被保険者だった方が、資格喪失後（退職後）３か月以内に亡くなったとき。

〈ケース２〉　被保険者だった方が、資格喪失後の傷病手当金または出産手当金の継続給付を受けている間に亡くなったとき。

〈ケース３〉　被保険者だった方が、２の継続給付を受けなくなってから３か月以内に亡くなったとき。

◆ 埋葬料の受給資格

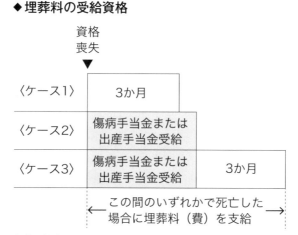

出典：協会けんぽホームページを基に作成

［葬祭費の請求］

　亡くなった方が自営業や老齢年金受給者などで、国民健康保険または後期高齢者医療制度に加入していた場合には、葬儀を行った喪主などに対して、葬祭費が支給されます。

　ただし、葬祭費は、亡くなったら必ず支払われるというものではありません。葬儀・埋葬に対して支給されるものなので、たとえば火葬のみ

66

の場合などは支払われないこともあります。

　なお、葬儀を行った日の翌日から 2 年が経過すると、時効により受け取ることができなくなります。

◆埋葬料（埋葬費）の請求

対象者	給付名・金額	請求先	提出書類
亡くなった方によって生計を維持されていて埋葬を行った遺族	埋葬料：5 万円	勤務先管轄の協会けんぽの支部または健康保険組合。※年金事務所の窓口でも協会けんぽへの申請書を預かってくれる。	埋葬料（費）支給申請書
上記以外の埋葬を行った方（遺族がいない場合）	埋葬費：5 万円の範囲で埋葬にかかった費用		埋葬料（費）支給申請書、葬儀にかかった費用の領収証など
被保険者（被扶養者が亡くなった場合）	家族埋葬料：5 万円		埋葬料（費）支給申請書

◆葬祭費の請求

対象者	金額	請求先	提出書類
葬儀を行った喪主など	3～7 万円程度（市区町村によって異なる）	亡くなった方の住所地の市区町村役場	葬祭費支給申請書、葬儀にかかった費用の領収証など

■ 埋葬料の支給申請書の記入例 （協会けんぽの場合）

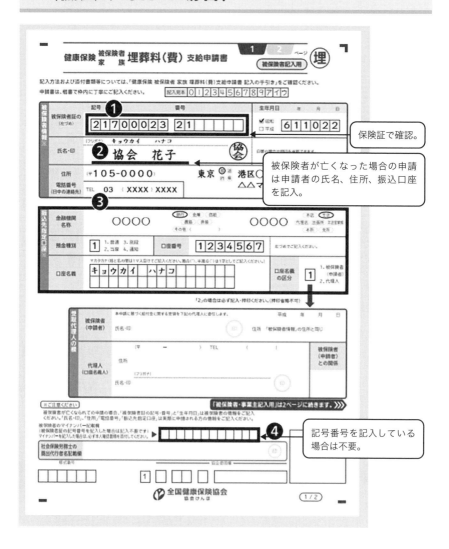

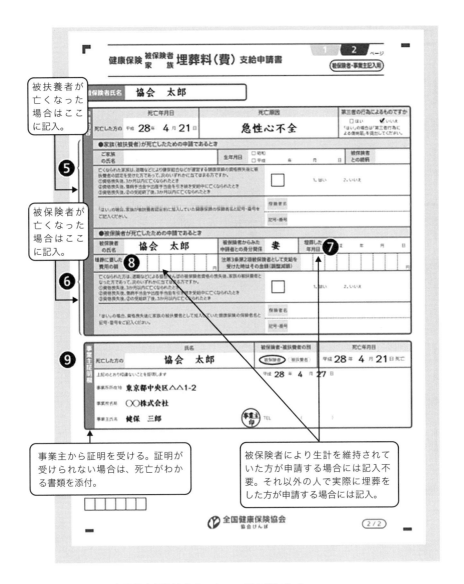

出典：P.68 ～ 69 全国健康保険協会ホームページを基に作成

■ 葬祭費の支給申請書の記入例（国民健康保険の場合）

自治体によって異なります

国民健康保険葬祭費支給申請書兼請求書

被保険者記号番号	20－××××	

死亡者関係事項	資格喪失日（死亡日の翌日）	令和× 年　　×月　　×日
	死　亡　日	令和× 年　　×月　　×日
	死亡者の氏名	税務太郎

葬祭費として　　　¥　7　0　0　0　0　　←

・郵送で申請することもできる。
・喪主の氏名の記載のある会葬礼状または葬儀費用がわかるものが必要。

上記のとおり申請いたします。

なお、支給決定後、上記の国民健康保険葬祭費について請求いたしますので、

下記振込口座に振り込んでください。

××区長　殿

　　×年　×月　×日

　　　　　　　〒×××－××××

申　請　者
（葬祭を執行した方）住所　××区××町　1－1－1

　　氏名　　税務一朗　　㊞　死亡者との続柄
　　　　　　　　　　　　　　　　　　　　　長男

　　電話　　××　（××××）××××

振込先口座	金融機関		銀　　　行信用金庫信用組合農　　　協	店	フリガナ	
					口座名義	
	預金種別	普通　コード	｜　｜　｜　｜　—		口座番号（右づめ）	

出典：練馬区のホームページを基に作成

70

9 高額療養費等

■ 高額療養費の請求

　亡くなった方に未請求の高額療養費がある場合、相続人が払い戻しを請求できます。

　健康保険、国民健康保険、後期高齢者医療制度の加入者が、病院や薬局の窓口で支払った自己負担分が一定額を超えた場合、超えた分の金額は高額療養費として払い戻されます。また、あらかじめ限度額適用認定証の交付を受けておくと、医療機関の窓口に提示することで、医療機関ごとの1か月の支払額が自己負担限度額（次頁表参照）までとなります。

　ただし、保険対象外の治療や投薬を受けた場合や、差額ベッド代、入院中の食事代などは対象外です。

　本人が亡くなった後でも、診療を受けた月の翌月初日から2年以内であれば、未請求の高額療養費を相続人が請求することができます。

　手続きの際は、医療機関の領収証、亡くなられた方との関係がわかる戸籍謄本などとともに高額療養費支給申請書を市区町村役場（国民健康保険・後期高齢者医療制度）、または該当する協会けんぽ・健康保険組合に提出します。

　会社員等の方が亡くなった場合には、会社が遺族にかわって、高額療

養費の手続きをしてくれることもあります。

◆ 医療費の自己負担限度額

〈70 歳未満〉

所得区分	自己負担限度額	多数該当 [3]
健保：83 万円以上[1] 国保：901 万円超[2]	252,600 円＋ （医療費－ 842,000 円） × 1 ％	140,100 円
健保：53 万円～ 79 万円[1] 国保：600 万円超 901 万円以下[2]	167,400 円＋ （医療費－ 558,000 円） × 1 ％	93,000 円
健保：28 万円～ 50 万円[1] 国保：210 万円超 600 万円以下[2]	80,100 円＋ （医療費　267,000 円） × 1 ％	44,400 円
健保：26 万円以下[1] 国保：210 万円以下[2]	57,600 円	44,400 円
住民税非課税の方など	35,400 円	24,600 円

※ 世帯（被保険者とその被扶養者）で複数の方が同じ月に医療機関で受診した場合や、1 人か複数の医療機関で受診した場合、ひとつの医療機関で受診した場合は、自己負担額は世帯で合算することかでき、その合算した額か自己負担限度額を超えた場合は、超えた額が払い戻されます。
　70 歳未満の方の合算できる自己負担額は 21,000 円以上のものに限られ、70 歳以上の方は自己負担額をすべて合算することができます。自己負担額は医療機関ごとに計算し、医科入院・医科外来・歯科入院・歯科外来に分けて計算します。
*1 標準報酬月額
*2 旧ただし書き所得
*3 診療月を含めた直近の 12 か月間に 3 回以上高額療養費が支給された場合の 4 回目以降。

〈70 歳以上〉

所得区分		自己負担限度額		多数該当（4 回目以降）
		外来（個人ごと）	外来・入院（世帯）	
現役並み	標報[*1]83 万円以上／課税所得 690 万円以上	252,600 円＋（医療費－ 842,000 円）× 1 ％		140,100 円
	標報[*1]53 万円以上／課税所得 380 万円以上	167,400 円＋（医療費－ 558,000 円）× 1 ％		93,000 円
	標報[*1]28 万円以上／課税所得 145 万円以上	80,100 円＋（医療費－ 267,000 円）× 1 ％		44,400 円
一般	標報[*1]26 万円以下／課税所得 145 万円未満	18,000 円（年 144,000 円）	57,600 円	44,400 円
非課税等 住民税	Ⅱ 住民税非課税世帯	8,000 円	24,600 円	－
	Ⅰ 住民税非課税世帯（年金収入 80 万円以下など）		15,000 円	－

■ 高額療養費支給申請書の記入例
（協会けんぽの場合）

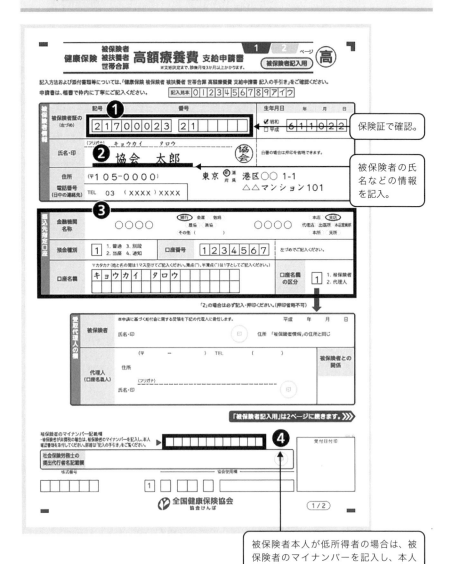

保険証で確認。

被保険者の氏名などの情報を記入。

被保険者本人が低所得者の場合は、被保険者のマイナンバーを記入し、本人確認資料を貼付する。

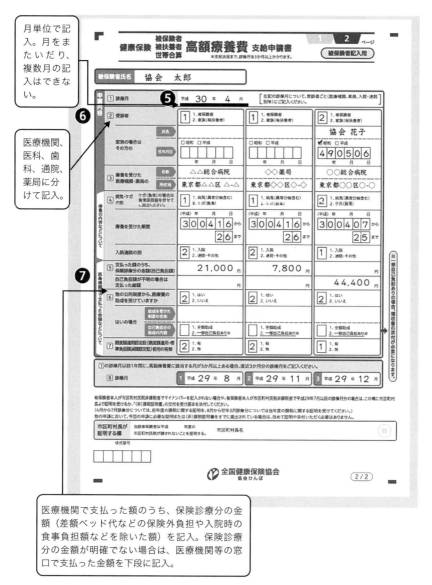

月単位で記入。月をまたいだり、複数月の記入はできない。

医療機関、医科、歯科、通院、薬局に分けて記入。

医療機関で支払った額のうち、保険診療分の金額（差額ベッド代などの保険外負担や入院時の食事負担額などを除いた額）を記入。保険診療分の金額が明確でない場合は、医療機関等の窓口で支払った金額を下段に記入。

出典：P.74～75 全国健康保険協会ホームページを基に作成

■ 高額介護合算療養費

　医療費と公的介護保険の自己負担額が高額になる場合には、高額療養費のほかに「高額介護合算療養費」が支給される場合があります。

　世帯内の同一の公的医療保険の加入者について、毎年8月から1年間にかかった公的医療保険と公的介護保険の自己負担額の合計が一定額を超えた場合、超えた額が支給されます。

　ただし、高額療養費や高額介護サービス費が支給される場合には、その額を除いて計算します。公的医療保険・公的介護保険の自己負担額のいずれかが0円である場合は支給されません。

　また、70歳未満の公的医療保険の自己負担額は、医療機関別、医科・歯科別、入院・外来別に2万1,000円以上ある場合に合算の対象となります。入院中の食事代や差額ベッド代などは含みません。

［会社員等の手続き］

　（健康保険加入者）

　市区町村役場に公的介護保険の自己負担額証明書（亡くなった方および合算対象者分）の申請を行い、高額介護合算療養費支給申請書とともに、協会けんぽや健康保険組合に提出します。

［自営業・専業主婦等および老齢年金受給者の手続き］

　（国民健康保険または後期高齢者医療制度の加入者）

　市区町村役場に高額療養費などの支給および自己負担額証明書の申請を行えば、ワンストップで手続が行われ、該当する場合には高額介護合算療養費が支払われます。

◆ 高額介護合算療養費の自己負担限度額（年額）

	70歳以上[*1]	70歳未満[*1]
標準報酬月額83万円以上／ 課税所得690万円以上	212万円	212万円
標準報酬月額53〜79万円／ 課税所得380万円以上	141万円	141万円
標準報酬月額28〜50万円／ 課税所得145万円以上	67万円	67万円
健保 　標準報酬月額26万円以下／ 国保・後期 　課税所得145万円未満	56万円	60万円
市区町村民税世帯非課税	31万円	34万円
市区町村民税世帯非課税 （所得が一定以下）	19万円[*2]	

*1 対象世帯に70〜74歳と70歳未満が混在する場合、まず70〜74歳の自己負担合算額に限度額を適用した後、残る負担額と70歳未満の自己負担合算額を合わせた額に限度額を適用する。

*2 介護サービス利用者が世帯内に複数いる場合は31万円。

※亡くなった方が健康保険の被扶養者の場合は、「会社員等」の項を参考にしてください。

■ 公的給付の受給中に亡くなった場合

　公的医療保険などからの各種給付（傷病手当金、出産手当金）を受給中に亡くなられた場合、未支給分について、相続人が請求することができます。亡くなった方が受給していた給付などを確認のうえ、忘れずに請求しましょう。

労災保険の手続き

■ 労災保険給付とは

雇用されている人が業務上の事故や通勤災害等で亡くなった時は、健

◆労災保険給付の概要

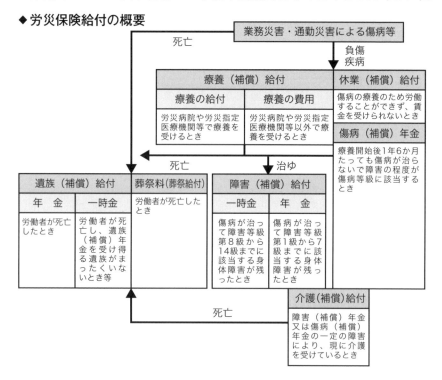

出典：東京労働局ホームページを基に作成

康保険ではなく、労災保険から給付を受けます。手続きは原則、会社が行います。

■ 労災保険の葬祭料

労災保険の葬祭料等は、2年が経過すると、時効により受け取れなくなりますので、注意して下さい。

◆ 労災保険の葬祭料請求

金額	請求先	必要書類	時効
「315,000円＋給付基礎日額の30日分」または「給付基礎日額の60日分」のいずれか高い額	勤務先を管轄する労働基準監督署	・葬祭料請求書（事業主の証明を受ける）、 ・死亡の事実や死亡年月日を確認できる死亡診断書（死体検案書）など	2年

■ 労災保険の遺族（補償）年金

亡くなった方に生計を維持されていた遺族には「遺族（補償）給付」が支給されます。「遺族（補償）給付」には、「遺族（補償）年金」と、「遺族（補償）一時金」の2種類があります（左図参照）。時効は5年です。

「遺族（補償）年金」を受け取ることができるのは、亡くなった方に生計を維持されていた配偶者・子・父母・孫・祖父母・兄弟姉妹ですが、妻以外の遺族については、年齢などの条件があり優先順位が決まっています。

なお、共働きの場合でも「生計を維持されていた」と認められるケースもあります。

「遺族（補償）年金」は遺族の数によって遺族（補償）年金、遺族特別支給金、遺族特別年金が支給されます。受給権者が2人以上いるときには、その額を等分した額が、それぞれの受給権者が受け取る額となります。

［遺族（補償）年金の受給の優先順位］

① 妻または60歳以上か一定障害の夫

② 18歳に達する日以後の最初の3月31日までの間にあるか一定障害の子

③ 60歳以上か一定障害の父母

④ 18歳に達する日以後の最初の3月31日までの間にあるか一定障害の孫

⑤ 60歳以上か一定障害の祖父母

⑥ 18歳に達する日以後の最初の3月31日までの間にあるか60歳以上または一定障害の兄弟姉妹

⑦ 55歳以上60歳未満の夫

⑧ 55歳以上60歳未満の父母

⑨ 55歳以上60歳未満の祖父母

⑩ 55歳以上60歳未満の兄弟姉妹

※一定の障害とは、障害等級第5級以上の身体障害をいいます。
※配偶者の場合、婚姻の届出をしていなくても、事実上婚姻関係と同様の事情にあった方も含まれます。
　また、被災労働者の死亡の当時、胎児であった子は、生まれたときから受給資格者となります。
※最先順位者が死亡や再婚などで受給権を失うと、その次の順位の者が受給権者となります（これを「転給」といいます）。
※⑦～⑩の55歳以上60歳未満の夫・父母・祖父母・兄弟姉妹は、受給権者となっても、60歳になるまでは年金の支給は停止されます（これを「若年停止」といいます）。

◆遺族（補償）年金の給付額

遺族数	遺族（補償）年金	遺族特別支給金（一時金）	遺族特別年金	時効
1人	給付基礎日額の153日分（ただし、その遺族が55歳以上の妻または一定の障害状態にある妻の場合は給付基礎日額の175日分）	300万円	算定基礎日額の153日分（ただし、その遺族が55歳以上の妻または一定の障害状態にある妻の場合は算定基礎日額の175日分）	5年
2人	給付基礎日額の201日分		算定基礎日額の201日分	
3人	〃 223日分		〃 223日分	
4人以上	〃 245日分		〃 245日分	

出典：厚生労働省「遺族（補償）給付　葬祭料（葬祭給付）の請求手続」

■ 遺族（補償）一時金

　遺族（補償）年金の受給権者がいない場合、または、遺族に対して支払われた年金の額等が給付基礎日額の1,000日分に満たない場合に、遺族（補償）一時金が支給されます。

　対象となるのは下記の通りで1～4の順で優先順位が決まっています。同じ順位の人が2人以上いる場合は、それぞれが受給権者となります。

◆遺族（補償）一時金の受給の優先順位

◆遺族（補償）一時金の給付額

（遺族（補償）年金を受ける遺族がいない場合）

遺族（補償）一時金	遺族特別支給金	遺族特別一時金	時効
給付基礎日額の1,000日分	300万円	算定基礎日額の1,000日分	5年

（給付基礎日額の1,000日分に満たない場合）

遺族（補償）一時金	遺族特別支給金	遺族特別一時金	時効
給付基礎日額の1,000日分から、すでに支給された遺族（補償）年金等の合計額を差し引いた金額	—	算定基礎日額の1,000日分から、すでに支給された遺族特別年金の合計額を差し引いた額	5年

出典：厚生労働省「遺族（補償）給付　葬祭料（葬祭給付）の請求手続」

　なお、遺族が、遺族厚生年金や遺族基礎年金を同時に受ける場合、労災保険の遺族（補償）給付は、一定の調整（減額）が行われて支払われます。

◆遺族（補償）年金等と厚生年金等の調整率

労災年金		遺族（補償）年金・遺族年金
社会保険の種類	併給される年金給付	
厚生年金および国民年金	遺族厚生年金および遺族基礎年金	0.80
厚生年金	遺族厚生年金	0.84
国民年金	遺族基礎年金	0.88

※労働保険の遺族（補償）年金は上記の調整率をかけて計算されます。しかし、障害厚生年金等を受け取っている場合は調整は行われません。

11 雇用保険の手続き

　雇用保険による基本手当（失業等給付）を受給中の方が亡くなった場合、生計を同じくしていた遺族は、死亡の日の前日までの基本手当の支給（未支給失業等給付）を受け取ることができます。

　雇用保険による他の失業等給付（教育訓練給付、高年齢雇用継続給付、育児休業給付、介護休業給付など）を受けられる方が亡くなった場合も同様です。

　基本手当等を受給できるのは、亡くなった方と生計を同じくしていた遺族です。

　未支給失業等給付を受け取れる人は雇用保険法で定められている優先順位があります。優先順位は次のとおりです。このうちの一人だけが受け取れます。

　手続きは死亡したことを知った日から6か月以内に、ハローワークにて行います（知らなかった場合も6か月を過ぎると請求できなくなりま

◆ 未給付の失業等給付の受給の優先順位

| 1位 配偶者 | 2位 子 | 3位 父母 | 4位 孫 | 5位 祖父母 | 6位 兄弟姉妹 |

す）。必要書類は以下のとおりです。詳しくは、お近くのハローワーク
にご確認ください。

◆雇用保険の給付

給付項目	必要書類	受け取れる人	請求期限	提出先
未支給基本手当（失業手当）	支給請求書 死亡を証明する書類 続柄を証明できる書類 生計維持を証明できる書類等	配偶者、子、父母、孫、祖父母、兄弟姉妹のうち一人	死亡を知った日の翌日から1か月以内（死亡を知らなかった場合は亡くなった日の翌日から6か月以内）	ハローワーク
未支給教育訓練給付金	支給請求書 死亡を証明する書類 続柄を証明できる書類 生計維持を証明できる書類等	配偶者、子、父母、孫、祖父母、兄弟姉妹のうち一人	死亡を知った日の翌日から1か月以内（死亡を知らなかった場合は亡くなった日の翌日から6か月以内）	ハローワーク
未支給高年齢雇用継続基本給付金	支給請求書 死亡を証明する書類 続柄を証明できる書類 生計維持を証明できる書類等	配偶者、子、父母、孫、祖父母、兄弟姉妹のうち一人	死亡を知った日の翌日から1か月以内（死亡を知らなかった場合は亡くなった日の翌日から6か月以内）	ハローワーク
未支給高年齢再就職給付金	支給請求書 死亡を証明する書類 続柄を証明できる書類 生計維持を証明できる書類等	配偶者、子、父母、孫、祖父母、兄弟姉妹のうち一人	死亡を知った日の翌日から1か月以内（死亡を知らなかった場合は亡くなった日の翌日から6か月以内）	ハローワーク
未支給育児休業給付金	支給請求書 死亡を証明する書類 続柄を証明できる書類 生計維持を証明できる書類等	配偶者、子、父母、孫、祖父母、兄弟姉妹のうち一人	死亡を知った日の翌日から1か月以内（死亡を知らなかった場合は亡くなった日の翌日から6か月以内）	ハローワーク
未支給介護休業給付金	支給請求書 死亡を証明する書類 続柄を証明できる書類 生計維持を証明できる書類等	配偶者、子、父母、孫、祖父母、兄弟姉妹のうち一人	死亡を知った日の翌日から1か月以内（死亡を知らなかった場合は亡くなった日の翌日から6か月以内）	ハローワーク

亡くなった方の
企業年金

　企業年金を受け取っている方が亡くなると年金の支払いは終了します。

　年金は、年金を受けていた方が亡くなった月分まで支払われますので、未支給年金があるときは、亡くなった方と生計を同じくしていた方に支払われます。

　請求できる遺族の範囲と順位は次のとおりです。

◆企業年金未支給分の受給の優先順位

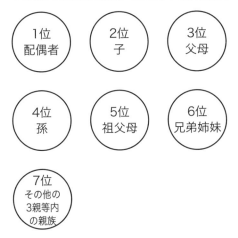

1位　配偶者

2位　子

3位　父母

4位　孫

5位　祖父母

6位　兄弟姉妹

7位　その他の3親等内の親族

通算企業年金等（通算企業年金・基本加算年金・代行加算年金・経過的基本加算年金・経過的代行加算年金）を受けていた方が、保証期間内に亡くなられたときは、その残存期間分について遺族の請求に基づき死亡一時金が支払われます。

　企業年金を受けている方が亡くなった場合はその旨をすみやかに加入の企業年金に連絡しましょう。この連絡が遅れて、年金を多く受け取り過ぎると過払いとなった金額（過払い金）を遺族が返金するようになります。

　手続きは加入されている企業年金によって異なりますので、規約を確認してください。

◆企業年金の給付

	確定給付型	確定拠出型
老齢・退職給付	老齢給付金（年金・一時金）	老齢給付金（年金・一時金）
障害給付	障害給付金（任意）	障害給付金
遺族給付	遺族給付金（任意）	死亡一時金
脱退給付	脱退一時金	脱退一時金

13 自助努力による年金 (iDeCo)

■ iDeCo 加入者が年金受給前に死亡した場合

　iDeCo に加入している方が年金の受給開始前に亡くなると、遺族が一時金を受け取れます。あらかじめ、死亡一時金の受け取り人として配偶者等の中から指定することができますが、指定がない場合一時金を受け取れる遺族には以下のような優先順位となります。

◆iDeCo 一時金の受給の優先順位

1位　配偶者（事実婚を含む）
2位　生計を同じにしていた子、父母、孫、祖父母、兄弟姉妹
3位　2以外で生計を同じにしていた親族
4位　2に該当しない子、父母、孫、祖父母および兄弟姉妹

　運用資金の全額が一時金として支払われますが、請求をしなければ受け取れませんので注意が必要です。
　手続きは証券会社や銀行など亡くなった人が利用していた運営機関に亡くなったことを連絡し、死亡届と一時金の請求書類を提出します。

■ iDeCo 加入者死亡届等記入例

◆ iDeCo 加入者が亡くなった場合の死亡届（例）

加入者等死亡届

事務処理センター用 　拠

国民年金基金連合会

届書コード	届出区分
0 5 0 1 1	個人型年金の給付　受けていない 受けている

届出者自ら署名する場合は、押印は不要です

死亡した加入者等

基礎年金番号	氏　名	生年月日	性別
1 2 3 4 - 5 6 7 8 9 0	フリガナ ネンキン　イチロウ 年金　一郎	5:昭和 7:平成　4 9 1 0 0 6	1:男 2:女

住　所
フリガナ　トウキョウ　マルマルク　シカクサンカク1-2-3 〒 1 1 1 - 1 1 1 1 東京 都道府県　●● 市区町村　□△1-2-3

死亡年月日
7:平成 9:令和　0 1 1 0 3 1

届出者

氏　名	死亡した加入者等との関係
フリガナ　ネンキン　ジロウ 年金　二郎　㊞	01:配偶者　05:祖父母 02:子　06:兄弟姉妹 03:父母　99:その他 04:孫　（　　　）

市区町村コード	住　所
	フリガナ トウキョウ　バツバツク　マルマル1-2-3 〒 1 1 1 - 1 1 1 1　連絡先電話番号（12-3456-7890） 東京 都道府県　×× 市区町村　●●1-2-3

記録関連 運営管理機関	□0000011日本インベスター・ソリューション・アンド・テクノロジー（JIS&T）　□0000115 SBIベネフィット・システムズ（SBI） □0000074日本レコード・キーピング・ネットワーク（NRK）　□0000015損保ジャパン日本興亜DC証券

ご記入の際は、必ず「記入要領」をご参照ください。

- - - - - - 受付金融機関および事務処理センター使用欄 - - - - - -

受　付　金　融　機　関
1 9 7 8 0 1 2 3 3　確定銀行（株）

各種届書・添付書類	受付金融機関確認	事セ確認	受付金融機関 9:令和　年　月　日	事務処理センター
死亡診断書など 死亡についての証明書	□あり　□なし	□		

様式第 K-014号　（2019.05）

88

◆iDeCo 加入者が亡くなった場合の死亡一時金請求書（例）

表面

死亡一時金裁定請求書 　連合会用　拠

国民年金基金連合会

請求日　令和 ０１１０３１

請求者自ら署名する場合は、押印は不要です

死亡した者
基礎年金番号 １２３４－５６７８９０　フリガナ　ネンキン　イチロウ　氏名　年金　一郎　生年月日 ⑤昭和 ４９１００６　性別 ①男 ２：女

死亡年月日 7:平成 ⑨令和 ０１１０１５　フリガナ ウキョウト マルマルク シカクサンカク１－２－３　〒１１１－１１ 東京都 府県　●● 市区町村　□△１－２－３

請求者
フリガナ　ネンキン　ジロウ　氏名　年金　二郎印　生年月日 ⑤昭和 7:平成 9:令和 ４９１００６　性別 ①男 ２：女　死亡した者からみた関係 ①配偶者 ②子 ③父母 ④孫 ⑤祖父母 ⑩兄弟姉妹 ⑪：その他（　）

〒２２２－２２２２ 東区町村－　フリガナ トウキョウト バツバック マルマル１－２－３ 東京都 府県　郡 ×× 市区町村　●●１－２－３　連絡先電話番号（ １２－３４５６－７８９０）

死亡一時金の受取人 ①：指定されていた ②：指定されていなかった

一時金の受取口座情報
口座名義人 フリガナ　ネンキン　ジロウ　年金　二郎

金融機関名 確定　銀行 労金 信連 農協 信金 信組　金融機関コード

支店名 △　△　本店 支店（支所）出張所　支店コード

ゆうちょ銀行以外の金融機関

預金種別 ①普通 ②当座　口座番号（右詰め） ００１１１１１

ゆうちょ銀行　通帳記号　通帳番号（右詰め）

ご記入の際は、必ず「記入要領」をご参照ください。

必要な添付書類は裏面をご覧ください。　裏面に続く

受付金融機関および特定運営管理機関使用欄

各種届書・添付書類	受付金融機関確認		連合金確認
死亡診断書その他死亡を証する書類	□あり	□なし	□
死亡者の戸籍謄本	□あり	□なし	□
請求者の戸籍謄本	□あり	□なし	□
死亡者の住民票	□あり	□なし	□
請求者の生計維持証明	□あり	□なし	□
死亡一時金受取人代表者届	□あり	□なし	□
非生計維持申立書	□あり	□なし	□
請求者以外に生計維持関係のあった者がいないことを証明する生計維持証明	□あり	□なし	□
請求者が未成年者、成年被後見人等の場合の法定代理人の印鑑登録証明および法定代理人である旨を証する書類	□あり	□なし	□

受付 金融機関 １９：７８０１２３５３ 確定銀行（株）
特定運営管理機関 ８８０００００ 日本インベスターソリューションアンドテクノロジー（株）

受付金融機関 令和 年 月 日　特定運営管理機関

様式第 K-017号 （2019.05）

14 生命保険の手続き

■ 死亡保険金の請求

　亡くなった方が生命保険に加入していた場合、受取人に指定されている方は、死亡保険金の請求をします。

　受取人が保険会社に連絡をすると、保険金請求に必要な書類などを送ってくれます。また、亡くなる前に病院に入院して治療を受けていた場合などは、死亡保険金のほかに入院給付金などが支払われる場合があります。保険会社に連絡した際に、亡くなるまでの過程を伝えれば請求漏れを防ぐことにつながります。

　書類が届いたら、必要事項を記入し、添付書類と合わせて保険会社に提出すると、保険金などが支払われます。保険金が支払われるまでの期間は保険会社によって異なります。

　保険金の支払いを簡略化し、請求日または翌営業日に保険金の一部を受け取れるサービスを実施している保険会社もあります。急ぎでお金が必要なときは、問い合わせてみましょう。

■ 死亡保険金と税金

　受取人が受け取った保険金などは、税金がかかる場合があります。契

◆死亡保険金にかかる税金

	契約者	被保険者 （亡くなった方）	死亡保険金 受取人	税金の種類
ケース1	Aさん （例）夫	Aさん （例）夫	Bさん （例）妻	相続税
ケース2	Aさん （例）夫	Bさん （例）妻	Aさん （例）夫	所得税 （住民税）
ケース3	Aさん （例）夫	Bさん （例）妻	Cさん （例）子	贈与税

約形態により、税金の種類が異なります。たとえば、表のケース1のように被保険者であるAさんが亡くなり、Aさんが契約者として保険料を支払っていた場合には、Bさんが受け取った保険金は相続税の対象となります。

　しかし、Aさんが契約者となり保険料を負担していた場合にBさんが亡くなりAさんが保険金を受け取ると（ケース2）、所得税（＋住民税）の対象になるのです。一方でAさんが保険料を負担し、Bさんが亡くなり、保険金の受取人がCさんになっていた場合には（ケース3）、AさんからCさんへの贈与とみなされ、Cさんが受け取った保険金は贈与税の対象となります。

　ケース1のように契約者と死亡保険金受取人が異なる契約において、死亡保険金を年金形式で受け取るときには、被保険者が亡くなった時点では相続税の対象となります。また、毎年受け取る年金は雑所得として所得税と住民税の課税対象となります（年金支給初年は全額非課税、2

年目以降は課税部分が階段状に増加していく方法により計算されます）。

　また、被保険者ではない生命保険の契約者が亡くなった時は、生命保険契約に関する権利が相続財産となります。たとえば、Aさんが契約者でBさんが被保険者の生命保険契約があり、Aさんが亡くなった時は、BさんはAさんから生命保険の権利を相続したことになります。この場合、Bさんを新たな契約者として名義変更する必要があります。Aさんが亡くなった時点の解約返戻金相当額が相続税の課税対象となります。

[死亡保険金の非課税額]

　死亡保険金が相続税の対象となる場合、相続人が受け取った死亡保険金については、その全額が課税対象ではありません。法定相続人の数に応じて一定の金額まで税金がかからない非課税額があり、次の式で計算します。

〈死亡保険金の非課税額の計算式〉

$$\boxed{500 \text{万円} \times \text{法定相続人の数}} = \text{非課税額}$$

　仮に法定相続人が配偶者と子ども2人だった場合、500万円×3（人）＝1,500万円までの死亡保険金は相続税がかかりません。

第**2**章

相続の手続き「税金」「遺産分割」「名義変更」

1 民法と相続税の基礎的知識

■ 法定相続分

　相続が発生したときに誰が遺産を相続するかは、民法で決まっています。相続する権利がある人を法定相続人と呼び、P.96図のように優先順位も定められています。

　亡くなった方（被相続人）の配偶者は常に相続人となります。それ以外の相続人は亡くなった方との関係性によって、第一順位から第三順位までに分かれます。

　第一順位は亡くなった方の子どもです。子どもがすでに亡くなっていてその方らに子がいれば、孫、ひ孫と相続権が引き継がれていきます。これを代襲相続と呼びます。

　第一順位の相続人がいない場合には、第二順位の方が相続人となり、第二順位もいない場合に、第三順位の方が相続人となります。

　相続する財産の比率は民法に目安が示されています。これを法定相続分といいます（P.97に示しています）。法定相続分は、誰が法定相続人になるか、その構成によって変わります。

　たとえば、法定相続人が配偶者と子どもの場合は、法定相続分は相続財産の2分の1ずつとなります。子どもが2人以上いる場合は、2分の1を均等に分けます。子どもが3人なら、全体の財産に対して6分の1

ずつが法定相続分となります。

　子どもがおらず、法定相続人が配偶者と父母の場合には、配偶者が3分の2、父母が合わせて3分の1となります。

　子どもがおらず、父母もすでに亡くなっている場合は、配偶者と兄弟姉妹が法定相続人となります。この場合は配偶者が4分の3、兄弟姉妹が合計で4分の1となります。

　しかし、この民法で示されている割合は、必ずそうしなければならないということではありません。相続人間で話し合い、皆が納得する分け方ができれば、事情に応じた法定相続分ではない割合で分けることができます。これを遺産分割協議といい、その皆で話し合った結果を「遺産分割協議書」（P.112）として残し、相続人全員の実印を押して相違のないことを確認しあいます。

　なお、遺言で遺産を無償で譲ることを「遺贈」といい、受け取る方を受遺者と呼びます。法定相続人以外でも当てはまります。

■遺留分とは

　兄弟姉妹以外の法定相続人については最低限受け取れる財産が民法で定められています。この最低限の相続分を遺留分といいます。

　被相続人が、偏った遺産分配の遺言書を遺していたとしても、遺留分を侵害された相続人は、遺留分侵害額を他の相続人または受遺者に請求することができます。

　遺言書を作る際には、遺留分を侵害しないような分け方で書いておけば、後々のトラブルを避けることができます。

◆法定相続人の範囲と優先順位

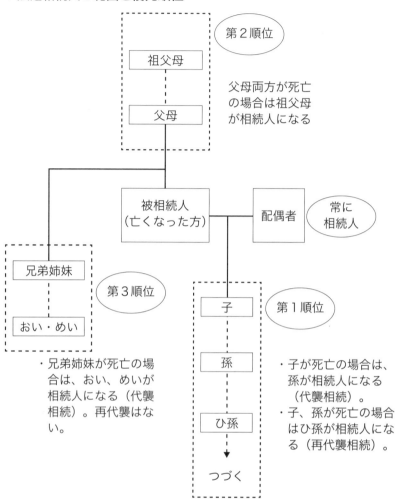

第2順位

祖父母

父母

父母両方が死亡
の場合は祖父母
が相続人になる

被相続人
（亡くなった方）

配偶者

常に
相続人

兄弟姉妹

第3順位

おい・めい

子

第1順位

孫

ひ孫

つづく

・兄弟姉妹が死亡の場
合は、おい、めいが
相続人になる（代襲
相続）。再代襲はな
い。

・子が死亡の場合は、
孫が相続人になる
（代襲相続）。
・子、孫が死亡の場合
はひ孫が相続人にな
る（再代襲相続）。

◆ 法定相続分と遺留分

（　）は遺留分を示す

● 配偶者と子が
相続人の場合

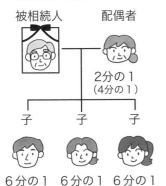

被相続人　　　　配偶者

2分の1
（4分の1）

子　　　　子　　　　子

6分の1　　6分の1　　6分の1
（12分の1）　（12分の1）　（12分の1）

● 配偶者と子・孫が
相続人の場合

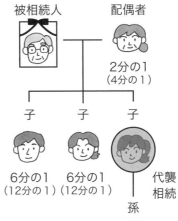

被相続人　　　　配偶者

2分の1
（4分の1）

子　　　　子　　　　子

6分の1　　6分の1　　代襲
（12分の1）　（12分の1）　相続

孫

6分の1
（12分の1）

● 配偶者と父母が相続人
の場合

父　　　　　　　母

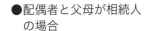

6分の1　　6分の1
（12分の1）　（12分の1）

被相続人　　　　配偶者

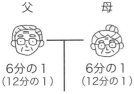

3分の2
（3分の1）

子ども
なし

● 配偶者と兄弟姉妹が
相続人の場合

父　　　　　　　　　　母

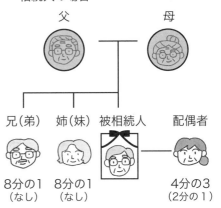

兄（弟）　姉（妹）　被相続人　　配偶者

8分の1　8分の1　　　　　4分の3
（なし）　（なし）　　　　（2分の1）

…被相続人　　…すでに亡くなっている方　（　　　内）…遺留分を示す

■ 相続の放棄

　亡くなった方の財産は必ず相続しなければならないわけではありません。「いらない」と、相続を放棄することも可能です。

　そもそも法定相続人になった方には3つの選択肢があります。単純承認、限定承認、相続放棄です。

　単純承認は、通常通りに相続をする方法なので手続きは必要ありません。相続放棄は、すべての相続を放棄する方法です。相続ではプラスの財産だけでなく、借金などのマイナス財産も合わせて引き継ぐことになりますので、亡くなった方に多額の借金などがある場合には、負の遺産を引き継ぐことになってしまいます。その場合には相続放棄をすれば、借金などを引き継ぐ必要はありません。

　相続放棄をするかどうかは、相続人がそれぞれ自由に決めることができます。たとえば、長男は通常通り相続して次男は相続放棄をすることも可能です。

　相続放棄をするには、「相続放棄申述書」を亡くなった方の住所地の家庭裁判所に提出しなければなりません。

　限定承認は、条件付きの相続です。たとえば、借金などがある場合に、相続した財産の範囲内で支払うことを条件に相続する方法です。プラスの財産の額とマイナスの財産の額のどちらが多いか、判断が難しいときなどに利用できます。

　ただ、限定承認は相続人全員で利用しなければなりません。一人でも反対する方がいれば、ほかの相続人も限定承認をすることはできないのです。限定承認を利用する場合も家庭裁判所で手続きを行う必要があります。

相続放棄や限定承認を利用するには、相続開始を知った日から3か月以内に亡くなった方の住所地の家庭裁判所で手続きを行います。

■ 相続税の基礎控除

相続税を計算する際には、いくつかの軽減措置が設けられています。財産に相続税がかかるかどうかを判断するのは簡単ではありません。どんなケースでも利用できるのが基礎控除です。

基礎控除額は2014年12月まで、5,000万円＋（1,000万円×法定相続人の数）で計算していましたが、2015年1月から下図のように縮小しました。これにより、相続税の課税対象となる人が大幅に増えています。

たとえば、法定相続人の数が『配偶者と子2人の3人』の場合、2014年末までは基礎控除が8,000万円でしたので、相続財産の評価額が8,000万円以下であれば、相続税はかかりませんでした。

ところが、2015年1月からは基礎控除が3,000万円＋（600万円×法

◆相続税の基礎控除の計算

| 3,000万円 | ＋（ | 600万円 | × | 法定相続人の数（注） | ） |

（注）法定相続人の数に算入する養子の数：
実子がいる場合…1人まで
実子がいない場合…2人まで

◆法定相続人数別の基礎控除額

法定相続人数	1人	2人	3人	4人	5人
基礎控除額	3,600万円	4,200万円	4,800万円	5,400万円	6,000万円

定相続人の数）に変更され、前記の例では4,800万円に縮小されたため、相続財産の評価額が4,800万円を超えると、相続税がかかる可能性があるのです。

　過去の経験などから「相続税はかからないだろう」と思っていても、課税される可能性がありますので注意が必要です。

■ 配偶者の税額軽減

　配偶者が相続する際の軽減措置（特例）もあります。配偶者は次の①②の金額のいずれか多い額までは相続税はかかりません。

①　| 1億6,000万円 |

②　| 配偶者の法定相続分相当額 |

　たとえば、法定相続人が配偶者と子どものケースでは、配偶者の法定相続分は2分の1ですから、どんなに資産額が多くても2分の1までは相続税はかからないことになります。

　ただ、相続税の申告期限（10か月以内）までに遺産分割が行われていないと、この特例は使えません。

■ 小規模宅地等の特例

　自宅などの土地の相続税評価にも軽減措置（特例）が設けられています。対象となる土地の面積や減額率は表の通りです。たとえば、自宅の土地に特例の適用が認められると、330平方メートルまでは通常の相続

税評価額の8割が減額されます。

◆ 小規模宅地等の特例の減額率

	対象となる土地の面積	減額率
居住用宅地	330平方メートルまで	80%
事業用宅地	400平方メートルまで	80%
貸付用宅地	200平方メートルまで	50%

　自宅の土地について、特例の適用を受けられるのは、次の3つのケースのいずれかに該当する場合です。

〈自宅の土地の8割減が認められるケース〉

1　配偶者が相続する場合

2　被相続人（亡くなった方）と同居している親族が相続し、相続税の申告期限まで居住かつ所有している場合

3　被相続人に配偶者も同居親族もいなければ、別居している親族も対象になる可能性がある（過去3年間賃貸暮らしだった場合など、一定の場合に限る）

　財産の多くを自宅が占めているケースも多いので、この特例が利用できるかどうかで、相続税がかかるか、かからないかの分かれ目になることも少なくありません。

　なお、相続税の申告期限までに遺産分割が行われていないと、この特例は使えません。

■ 相続税の申告・納付

　相続税は、相続発生から10か月以内に申告・納付をしなければなりません。その間に相続財産を確定し、相続人の間で遺産分割協議を行わなければなりません。

　相続税の計算をする際には、財産の種類に応じた相続税評価額を計算します。また、借金などのマイナスの財産は差し引くことができます。財産ごとの計算方法はおおよそ、表のようになりますが、実際の計算は税理士でなければ難しいでしょう。相続税がかかりそうなケースでは早めに税理士に相談するのがよいでしょう。

◆相続財産の評価額の計算方法

プラスの財産

	財産の種類	相続税評価額の計算方法
金融資産	現金	死亡した日の残高
	預貯金	死亡した日の残高
	上場株式	死亡した日の終値など4つの価額のうち最小値
	債券、投資信託	死亡した日の時価など
不動産	宅地	路線価×面積（倍率地域は固定資産税評価額×倍率）
	借地権	路線価×借地権割合×面積
	建物	固定資産税評価額
	貸家の敷地	路線価×（1－借地権割合×借家権割合）×面積
	貸家の建物	固定資産税評価額×70％
その他	ゴルフ会員権	取引相場価格×70％
	美術品・骨董品	鑑定価格または市場価格
	仏具・墓地	原則非課税
保険金など	死亡保険金	保険金 －（500万円×法定相続人の数）
	死亡退職金	退職金 －（500万円×法定相続人の数）
贈与財産	3年以内の贈与財産	贈与時の評価額（納付した贈与税があれば相続税額から控除）
	相続時精算課税制度による贈与財産	同上

※借地権割合は、地域により30～90％（路線価図で確認できる）。借家権割合は30％。

マイナスの財産（差し引くことができる財産）

	財産の種類	相続税評価額の計算方法
債務	借金・ローン	死亡した日の残高
	未払金	税金、医療費など、死亡した日の未払金額
葬式費用	葬儀等にかかる費用	実費（お布施もOK）

■ 相続税の計算の仕方

相続税は3つのステップで計算します。

相続税がどのように計算されるのかをみていきましょう。

〈ステップ1〉 各相続人の課税価格の計算

まず、相続人の取得した財産を各人ごとに計算します（これを「課税価格」と呼びます）。

課税財産$_{※1}$－債務と葬式費用＋3年以内の生前贈与財産
＝課税価格（1,000円未満切捨て）

※1 課税財産＝本来の相続財産＋みなし相続財産

・本来の相続財産：現金、預金、株式、土地、建物、家財など

・みなし相続財産：生命保険金、死亡退職金のうち非課税限度額を超える額

●相続時精算課税を選択していた場合は、その財産の価額を含みます。

●非課税財産とは、お墓、仏壇、公益団体等への寄付などです。

●生命保険金・死亡退職金の非課税限度額＝500万円×法定相続人の数

〈ステップ2〉 相続税の総額の計算

次に、全員の課税価格を合計します。その合計額を基に相続税の総額を計算します。

各相続人の課税価格を合計した額（❶）－基礎控除$_{※2}$（❷）
＝課税される遺産額（❸）

※2 基礎控除＝3,000万円＋600万円×法定相続人の数

●課税される相続財産の総額を法定相続分に応じて各相続人に割り振ります。(❹)

●各相続人に割り振った金額をそれぞれ相続税の速算表（次頁）に当てはめて、相続税額を計算します。(❺)

●各相続人の相続税額を合計して、相続税の総額を算出します。(❻)

〈ステップ3〉　各相続人が納付する相続税額の計算

　最後に、相続税の総額を各相続人が実際に相続した財産の割合（あん分割合）に応じて割り振って、各相続人が納付する相続税額を計算します。

[相続税の総額（❻）×あん分割合※3]＝各人の相続税額（❼）
－各人の税額控除額＝各相続人の納付税額

※3　あん分割合＝各人の課税価格÷課税価格の合計額

●配偶者・子・父母以外の人が財産を相続したときは、その人の相続税額にその相続税額の2割を加算します（代襲相続人の孫は除く）。

●各人の税額控除とは、配偶者の税額軽減、未成年者控除、障害者控除、相次相続控除、贈与税額控除、など。

◆ 相続税の計算の仕方

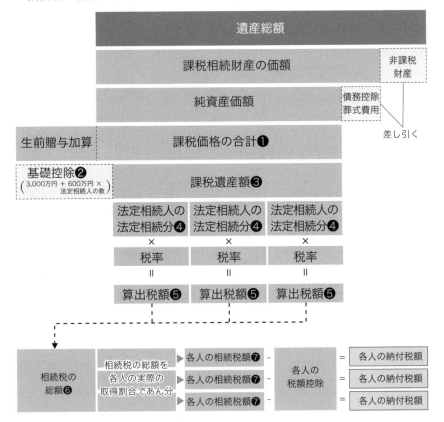

◆ 相続税速算表

相続財産の取得金額	税率	控除額
1,000万円以下	10%	–
3,000万円以下	15%	50万円
5,000万円以下	20%	200万円
1億円以下	30%	700万円
2億円以下	40%	1,700万円
3億円以下	45%	2,700万円
6億円以下	50%	4,200万円
6億円超	55%	7,200万円

◆相続税の早見表

相続税は、遺産の総額と法定相続人の数で決まります。早見表でおおまかな税額を確認しましょう。

(単位千円)

①配偶者がいる場合

遺産総額※	法定相続人			
	配偶者＋子ども1人	配偶者＋子ども2人	配偶者＋子ども3人	配偶者＋子ども4人
1億円	3,850	3,150	2,625	2,250
1.5億円	9,200	7,475	6,650	5,875
2億円	16,700	13,500	12,175	11,250
2.5億円	24,600	19,850	18,000	16,875
3億円	34,600	28,600	25,400	23,500
3.5億円	44,600	37,350	32,900	31,000
4億円	54,600	46,100	41,550	38,500
4.5億円	64,800	54,925	50,300	46,000
5億円	76,050	65,500	59,625	55,000

②配偶者がいない場合

遺産総額※	法定相続人			
	子ども1人	子ども2人	子ども3人	子ども4人
1億円	12,200	7,700	6,300	4,900
1.5億円	28,600	18,400	14,400	12,400
2億円	48,600	33,400	24,600	21,200
2.5億円	69,300	49,200	39,600	31,200
3億円	91,800	69,200	54,600	45,800
3.5億円	115,000	89,200	69,800	60,800
4億円	140,000	109,200	89,800	75,800
4.5億円	165,000	129,600	109,800	90,800
5億円	190,000	152,100	129,800	110,400

※遺産総額は、基礎控除前の課税価格です。
(注1) 税額は、法定相続人が法定相続分により相続したものとして計算した相続税の総額です（配偶者がいる場合で遺産総額3億円までについては、配偶者の税額軽減を最大限適用して計算しています）。
(注2) 税額控除は、配偶者の税額軽減のみとして計算しています。

2 所得税の準確定申告

　亡くなった方に一定の所得があった場合には、所得税の確定申告が必要です。これを準確定申告といいます。

　亡くなった方が自営業者や不動産賃貸業を営んでいた場合などには、原則として申告が必要です。

　また、確定申告が不要な場合でも、生前に一定の医療費がかかった場合などは、準確定申告をすることで税金が戻ってくる場合もあります。なお、税金の還付があった場合は、相続財産に含まれますので相続税の申告の際に相続財産に含めて計算します。

　準確定申告は、相続開始を知った日から4か月以内に行います。申告場所は亡くなった方の住所地の税務署です。申告は相続人が行いますが、相続人が2人以上いる場合は、各相続人が連署により準確定申告書を提出します。

3 遺産分割

　相続の手続きを始める際には、まず、亡くなった方が遺言書を残しているかどうかを確認する必要があります。遺言があるかどうかで相続の手続きなどが異なってくるからです。

　亡くなった方が遺言を書いていたとしても、家族に知らせているとは限りません。自宅や入所していた施設、貸金庫など、遺言が保管されている可能性のある場所を確認します。とはいえ、遺言は遺された遺族のために作るものですから、遺言を書いてあることを信頼できる方に伝えておいたほうがよいでしょう。

■ 遺言書がある場合

　遺言書には、自筆証書遺言、公正証書遺言、秘密証書遺言の３種類があります。公正証書遺言の場合には、最寄りの公証役場で遺言検索を行うことで遺言の有無を確認することができます。照会する場合には、遺言者の死亡の記載がある除籍謄本など、照会する人が遺言者の法定相続人、受遺者、遺言執行者などの利害関係人であることを証明する資料、運転免許証などの本人確認書類が必要です。なお、2020 年 7 月 10 日以降、自筆証書遺言でも法務局に預けておくことが可能になります。

　遺されていた遺言が公正証書遺言以外の場合には、家庭裁判所で検認

の手続きをとる必要があります（法務局に預けてある場合不要）。遺言書を保管していた方や発見した方がすぐに開封してはいけません。まずは家庭裁判所に申し立てして、検認を受ける必要があります。裁判所では、他の相続人に遺言書があったことを通知します。

　家庭裁判所では相続人が立ち会って遺言書を開封し、遺言書の形状や加除訂正の状態、日付、署名など検認の日現在における遺言書の内容を明確にして、遺言書の偽造・変造を防止します。

　この検認は、遺言書の具体的な内容や形式の有効性を判断するわけではありませんので、検認手続きをした遺言が無効となる場合もあります。なお、検認の申立を行う場合には、遺言者の出生時から死亡時までの戸籍謄本のほか、相続人全員の戸籍謄本（全部事項証明書）などが必要となります。検認には裁判所に申し立てをしてから数か月かかることもあります。

◆遺言書の３つの種類

種類	特徴
自筆証書遺言	紙とペンと印鑑があれば、費用もかからず（2020年7月10日以降の法務局預りの場合は手数料がかかる）どこでも手書きで作成できる。また、証人が不要であるため、1人で作成し、遺言の内容を秘密にしておくことができる。ただし、遺言の要件を満たさずに遺言が無効になる危険性もある。
公正証書遺言	公証役場へ出向き、公証人に作成してもらう方法。自筆証書遺言のように無効になることがなく、3種類の遺言の中でもっとも確実な遺言。また、公証人が作成するので、自分で書く必要がない。ただし、公証役場の手数料および証人依頼代などの費用が必要になる。
秘密証書遺言	遺言の内容を、遺言者以外に知られることなく秘密にして作成できる遺言。遺言の要件を満たさず無効となることがあり、作成費用がかかるなどの理由で利用されるケースは少ない。

自筆証書遺言について、2020年7月10日以降は生前に法務局へ預けておくことも選択できるようになりました。この場合は、検認手続きは不要です。

■ 遺言書がない場合

　遺言がない場合、相続人が相談して遺産の分け方を決めます。その話し合いを遺産分割協議と言います。相続放棄した方を除いて相続人全員で遺産分割協議を行なわなければなりません。

　1人でも話し合いに参加していない人がいる場合、その遺産分割協議は無効となります。相続人の中に認知症の人や知的障害者がいる場合には、家庭裁判所に選任された成年後見人が本人の代わりに参加します。

　また、未成年者とその親権者がいずれも相続人である場合には、未成年者について特別代理人を家庭裁判所に選任してもらいます。

◆遺産分割の4つの方法

分割方法	特徴
現物分割	遺産を現物のままで相続人に分ける方法。遺産分割の一般的な方法。
代償分割	特定の相続人が遺産の現物を相続し、他の相続人には代わりに現金などを渡す方法。遺産分割協議書に、代償分割によって遺産を分割したことを記載しておく。
換価分割	遺産を売却してその代金を相続人で分ける方法。売却益が発生する場合は、遺産の取得割合に応じて譲渡所得税を負担する。遺産分割協議書に、換価分割であることや分割割合を記載しておく。
共有分割	ひとつの遺産（たとえば不動産など）を2人以上の相続人が共有する方法。共有持分を処分する際に全員の同意が必要となる。

遺産分割には主に4つの方法があります。

なお、共有分割をすると、トラブルになる可能性があるので、できるだけ避けるのが望ましいでしょう。

■ 遺産分割協議書

遺産分割協議の結果は遺産分割協議書にして残しておきます。書式に決まりはありませんし、手書きでもパソコンで作成してもかまいません。冒頭には遺産分割協議書であることが明確にわかるタイトルをつけます。

次に誰（被相続人＝亡くなった方）の財産を誰に（相続人＝受け取る方）に分割したのかを明記します。その上で相続人ごとに相続した財産のリストを記入します。取得した財産が不動産である場合には、登記簿謄本を参考に所在地や面積などを正確に記入します。

遺産分割協議を行った日付を記入し、相続人全員が署名し、実印を押印します。

◆ 遺産分割協議書の例

遺産分割協議書

> 遺産分割協議書であることが
> わかる明確なタイトルに。

被相続人税研太郎（2019年8月1日死亡）の遺産について、共同相続人である税研花子、税研一郎および税研夏子は、協議の結果、次の通り遺産分割し、取得することを決定した。

> 手書きで作成しても、パソコンで作成してもよい

> 誰の遺産を誰が相続人として
> 分割したかを示す。

1. 相続人税研花子が取得する財産
 (1) 土地
　　東京都千代田区丸の内×丁目×番× 宅地　300平方メートル
 (2) 建物
　　東京都千代田区丸の内×丁目　家屋番号：×番×
　　木造瓦葺2階建　床面積110平方メートル

> 協議の結果、各自が取得することになった財産を記載する。不動産については、登記簿謄本を参考に、正確に記入する。

2. 相続人税研一郎が取得する財産
 (1) 預貯金
　　××××銀行　丸の内支店　被相続人税研太郎名義の定期預金
　　口座番号　XXXXXXX　1,000万円
 (2) 株式
　　××××フィナンシャルグループの株式　1万株

3. 相続人税研夏子が取得する財産
 (1) 預貯金
　　××××銀行　××支店　　被相続人税研太郎名義の普通預金
　　口座番号　XXXXXXX　1,000万円

4. ××××銀行丸の内支店からの借入金(相続開始日の残高500万円)
 は相続人税研一郎が負担するものとする。

上記の通り、遺産分割の協議が成立したので、これを証するため本協議書を作成し、それぞれ署名・捺印し、各自1通を保有するものとする。なお、本協議書に記載なき遺産・債務、並びに後日判明した遺産・債務は相続人全員で別途協議して定めるものとする。

2019年11月30日

> 協議を行った日を明確にする。

> 相続人全員が署名し、
> 実印を押す。

東京都千代田区丸の内×丁目×番×
　　　　税研　花子

東京都千代田区丸の内×丁目×番×
　　　　税研　一郎

東京都千代田区麹町×丁目×番×
　　　　税研　夏子 印

■ 法定相続情報証明制度で書類の準備が容易に

　2017年5月29日から、相続手続きに利用できる「法定相続情報証明制度」が始まりました。これまで相続手続きの際には亡くなった方の戸除籍謄本等の書類を各種窓口に何度も用意して提出する必要がありました。

　法定相続情報証明制度では、法務局に戸除籍謄本等の書類と相続関係を一覧に表した図（法定相続情報一覧図）を提出すれば、一覧図に認証文を付した写しを無料で交付してくれるものです。

　法定相続情報一覧図は、自身で作成する必要があります（専門家に作成を依頼することは可）。被相続人の氏名や最後の住所等の情報のほか、相続人に関する情報を、一枚にまとめて法務局に提出します。

　これにより相続手続きでは、法定相続情報一覧図の写しの利用が可能になります。戸除籍謄本等の書類の提出が省略できます。

4 名義変更

　分割方法が決まったら、受け取った相続人は遺産の名義変更をしなければなりません。その方法は遺産の種類によって異なります。また、遺言書があるかどうかによって手続きの際の必要書類が異なりますので、遺言書がない場合とある場合に分けて説明します。

　いずれの場合も、提出先の機関等で必要書類が異なる場合がありますので、事前に確認の上準備することをお勧めします。

　なお、※の書類は、法定相続情報証明制度により、法定相続情報一覧図の写しを提出することにより省略可能です。この項、以下共通です。

■ 遺言書がない場合

[不動産の名義変更（登記）]

　不動産を所有していた方が亡くなり、遺言がない場合は、その不動産を誰が所有するかを、相続人全員で話し合って決めます。話し合った結果を、遺産分割協議書にまとめ、相続人全員が署名・押印します。

　不動産の名義変更をするには、不動産の所在地の法務局で所有権移転登記を行います。登記が完了すると、登記識別情報が発行されます。

　登記識別情報は、従来の「登記済証（権利証）」に代わって発行されるものですので、大切に保管します。また、登記簿謄本（全部事項証明

◆不動産の所有権移転登記

提出先	不動産の所在地の法務局
提出する人	不動産を取得する相続人（代理人も可）
必要書類	・登記申請書 ・遺産分割協議書 ・被相続人（亡くなった方）の出生から死亡までの連続した戸籍謄本※ ・被相続人の住民票の除票または戸籍の附票（登記上の所有者住所とつながるもの） ・相続人全員の戸籍謄本※ ・相続人全員の印鑑証明書 ・不動産を取得する相続人の住民票 ・固定資産評価証明書 など

書）を取得して、登記された内容に間違いがないか確認しておきましょう。

［預貯金の名義変更］

　金融機関は家族の申し出などから口座の名義人が亡くなったことを知ると、口座を凍結します。そうすると、遺産分割協議が終わり名義変更が完了するまで引き出しができません。

　名義変更をする際には右記の書類を用意し、金融機関で手続きを行います。金融機関ごとに所定の用紙がある場合が多いですので、まずは問い合わせてみましょう。

　なお、その金融機関の残高が知りたい場合は、相続人は残高証明の開示請求を行うことができます。

◆ 預貯金の名義変更

提出先	各金融機関
提出する人	相続人、相続人の委任を受けた人など
必要書類	・所定の届出書（法定相続人全員の署名・押印が必要な場合も） ・遺産分割協議書 ・被相続人（亡くなった方）の出生から死亡までの連続した戸籍謄本※ ・法定相続人を確認できるすべての相続人の戸籍謄本※ ・相続人全員の印鑑証明書 など

コラム 遺産分割協議書がなくても預貯金の一部の引き出しが可能になった

　口座が凍結されると預貯金の引き出しができなくなってしまいますが、遺産分割協議を待たずに、すぐにお金が必要になることもあるでしょう。そこで法律が改正され、相続人が引き出しできるようになりました（2019年7月1日〜）。相続人が単独で引き出せる額は以下の通りです。

> 相続開始時の預貯金の額× 1/3 ×引き出す相続人の法定相続分

　ただし、1つの金融機関で引き出せるのは150万円までです。

［有価証券等の名義変更］

　株式、出資金、公債、社債、投資信託等の有価証券等の名義変更は、口座のある証券会社や信託銀行に自身の口座を開設し、その口座に相続

◆ 有価証券等の名義変更

提出先	各証券会社等
提出する人	相続人、相続人の委任を受けた人など
必要書類	・所定の届出書（法定相続人全員の署名・押印が必要な場合もある） ・遺産分割協議書 ・被相続人（亡くなった方）の出生から死亡までの連続した戸籍謄本※ ・法定相続人を確認できるすべての相続人の戸籍謄本※ ・相続人全員の印鑑証明書 など

した有価証券を振り替える手続きを行います。亡くなった方が保有していた株式等をすぐに売却したい場合でも、基本的にはいったん口座を準備する必要があります。

［自動車の名義変更］

　自動車を相続した場合は、売却・廃車する場合でも、いったん相続人

◆ 自動車の名義変更

提出先	管轄の陸運局
提出する人	相続人
必要書類	・申請書 ・車検証 ・手数料納付書 ・自動車税申告書 ・車庫証明書 ・遺産分割協議書 ・被相続人（亡くなった方）の出生から死亡までの連続した戸籍謄本※ ・相続人全員の印鑑証明書 など

の名義に変更します。手続きは管轄の陸運局に移転登録申請書を提出します。誰が相続するかを遺産分割協議で決めます。

　なお、原付や小型二輪も相続の対象になります。原付は市区町村で、小型二輪は管轄する陸運局で手続きします。

■ 遺言書がある場合

　遺言書があれば、ない場合よりも手続きが簡単です。代表的な不動産と預貯金について掲載しておきます。なお、遺贈の場合は必要書類等が異なります。

[不動産の名義変更（登記）]

　不動産の名義変更では、特定の不動産を特定の相続人に相続させる旨の遺言または遺言による相続分の指定があった場合には、相続人の単独申請が可能です。

◆不動産の名義変更（遺言あり）

提出先	不動産の所在地の法務局
提出する人	不動産を取得する相続人（代理人も可）
必要書類	・登記申請書 ・死亡時の被相続人の戸籍謄本（除籍謄本） ・被相続人の住民票の除票または戸籍の附票（登記上の所有者住所とつながるもの） ・新たに名義人になる者の住民票 ・遺言書（検認が必要な場合は検認済みのもの） ・遺言により不動産を相続する相続人の戸籍謄本 ・固定資産評価証明書 など

［預貯金の名義変更］

　たとえば預金口座の相続手続きでは、相続することになった相続人は単独で手続きができます。

　つまり、被相続人の出生からの戸籍除籍謄本は必要ありません。

◆預貯金名義変更（遺言あり）

提出先	各金融機関
提出する人	相続人、相続人に委任を受けた人
必要書類	・遺言書（検認が必要な場合は検認済みのもの）。 ・所定の届出書 ・遺言で相続する相続人の印鑑証明書（遺言執行者なら執行者の印鑑証明書） ・被相続人の死亡を証する戸籍謄本（除籍謄本） （金融機関によっては遺言で相続を受けない法定相続人の同意書を求めてくる場合もあります） など

　名義変更について、詳しくは司法書士等専門家にご確認ください。

第 **3** 章

遺された方の
暮らしとお金のこと

1 おひとり様の生活

　家族が亡くなった後、悲しみの中、亡くなった方の葬儀やさまざまな手続きをするだけでも大変です。しかし、遺された方の生活も考えなければなりません。

　とくに影響が大きいのは、配偶者が亡くなり、おひとり様になった場合です。収入を配偶者に頼っていた場合はなおさらです。

　配偶者を亡くした場合、遺族年金等の対象となる場合があることは、P43〜で紹介しました。その金額も含めて収入がどうなるかを把握して、毎月の支出を賄うことができるのかを確認する必要があるでしょう。

■ 生活費はどうなるのか不安

　支出の金額を確認するときのポイントは消費支出と非消費支出に分けて考えることです。消費支出とは、食費や水道光熱費、通信費など、何かを消費するために支払う支出です。

　一方で非消費支出とは、社会保険料や税金など、消費をしなくても必ず支払いが必要になる支出です。

　消費支出は、自分である程度コントロールすることができます。家計が厳しくなれば、節約して、支出を減らすことが可能なのです。ところ

が、非消費支出は、自分の努力で変えることはできません。固定費と言ってもよいでしょう。ですから、非消費支出がどのくらいになるかを正確に把握しておく必要があるのです。

　一般的な非消費支出の金額を総務省統計局の家計調査年報（家計収支編（2018年））で見てみましょう。

　まず、勤労者世帯（現役世代）の平均月収は約55万9,000円ですが、そのうち非消費支出が約10万4,000円を占めるので、使うことができるお金（可処分所得）は約45万5,000円となっています。

◆勤労者世帯の家計収支（2人以上の世帯）

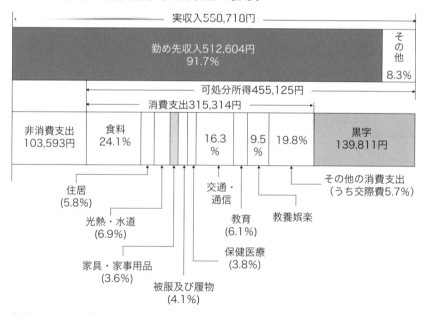

（注）1　図中の「勤め先収入」及び「その他」の割合（％）は、実収入に占める割合である。
　　　2　図中の「食料」から「その他の消費支出」までの割合（％）は、消費支出に占める割合である。
　　　3　図中の「消費支出」のうち、他の世帯への贈答品やサービスの支出は、「その他の消費支出」の「うち交際費」に含まれている。
出典：総務省統計局「家計調査報告」（2018年）

非消費支出の内訳は所得税や住民税などの直接税と、健康保険料や年金保険料などの社会保険料です。

　この金額は、毎月必ず支払わなければならない金額です。収入に占める非消費支出の比率をみると、約 19 ％になります。

　すでに定年退職をした世帯の場合はどうでしょうか。夫が 65 歳以上で妻が 60 歳以上の無職世帯の場合、収入は公的年金が中心で毎月約 22 万 3,000 円です。対して非消費支出は約 2 万 9,000 円と約 13 ％を占めています。毎月の収支は約 4 万 2,000 円の赤字になっており、この部分は貯蓄などの取り崩しで賄っていると考えられます。

　一方で 60 歳以上の高齢単身無職世帯の場合は、毎月の収入は約 12 万

◆ 高齢夫婦無職世帯の家計収支

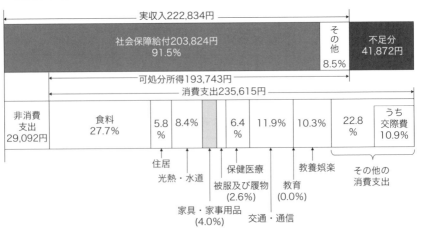

（注）1　高齢夫婦無職世帯とは、夫 65 歳以上、妻 60 歳以上の夫婦のみの無職世帯である。
　　　2　図中の「社会保障給付」及び「その他」の割合（％）は、実収入に占める割合である。
　　　3　図中の「食料」から「その他の消費支出」までの割合（％）は、消費支出に占める割合である。
　　　4　図中の「消費支出」のうち、他の世帯への贈答品やサービスの支出は、「その他の消費支出」の「うち交際費」に含まれている。
出典：総務省統計局「家計調査報告」（2018 年）

◆高齢単身無職世帯の家計収支

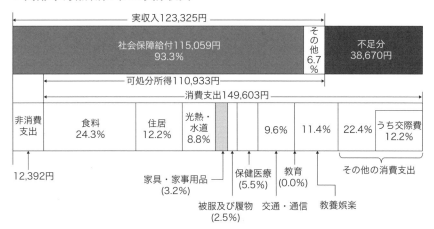

(注) 1 高齢単身無職世帯とは、60歳以上の単身無職世帯である。
　　 2 図中の「社会保障給付」及び「その他」の割合（%）は、実収入に占める割合である。
　　 3 図中の「食料」から「その他の消費支出」の割合（%）は、消費支出に占める割合である。
　　 4 図中の「消費支出」のうち、他の世帯への贈答品やサービスの支出は、「その他の消費支出」の「うち交際費」に含まれている。
出典：総務省統計局「家計調査報告」（2018年）

3,000円となり、非消費支出は約1万2,000円です。

　夫婦世帯と比較して収入も非消費支出も半減している形ですが、毎月の収支は約3万8,000円の赤字です。収入が半減したにも関わらず、赤字の額はあまり減っていませんので、より厳しい家計状況であることがわかります。

■ 住まいの不安

　毎月の収支に大きな影響を与える要素の一つは住居費です。マイホームを保有している場合には、仮に住宅ローンが残っていても団体信用生

命保険によって返済が肩代わりされるため、おひとり様になってからの住居費は抑えることができます。

　しかし、賃貸住宅で暮らしている場合には、配偶者が亡くなったあとは収入も減り住居費の負担が重くなります。

　とはいえ、高齢になってからマイホームを取得するのも困難です。配偶者が亡くなり、おひとり様になった場合には、コンパクトな賃貸住宅や公営住宅などに引っ越して、住居費の負担を抑える工夫も必要でしょう。

　サービス付き高齢者向け住宅（サ高住）という選択肢もあります。サ高住は民間事業者が運営する賃貸住宅です。

　一般の賃貸住宅では、高齢になると入居が難しくなるケースもありますが、サ高住は高齢者を対象としていますので、年齢を理由に断られることありません。バリアフリーなど高齢者にも暮らしやすい工夫が施されるとともに、安否確認や生活相談などケアの専門家によるサポートもあります。おひとり様でも夫婦でも入居できます。

　経営は民間事業者ですが、運営するには登録が必要で自治体が事業者に対して指導・監督をしますので、一定の安心感があります。また、家賃やサービスなどの情報が公開されているので、自分に合った住まいを探すことができます。

　サ高住と有料老人ホームはどう違うのかとの疑問が生じるかもしれません。老人福祉法に基づく有料老人ホームの要件は、「①食事の提供」「②介護の提供」「③家事の供与」「④健康管理の供与」のいずれかを実施していることです。サ高住でもこれらのサービスを実施している場合には、有料老人ホームに該当します。

　このようにサ高住は、施設によってサービスが異なるので、費用もま

◆ サービス付き高齢者向け住宅の特徴

	内容	備考
規模・設備	各専用部分の床面積は、原則25 ㎡以上	※居間、食堂、台所そのほかの住宅の部分が高齢者が共同して利用するため十分な面積を有する場合は18 ㎡以上
	各専用部分に、台所、水洗便所、収納設備、洗面設備、浴室を備えたものであること	※共用部分に共同して利用するため適切な台所、収納設備または浴室を備えることにより、各戸に備える場合と同等以上の居住環境が確保される場合は、各戸に台所、収納設備または浴室を備えずとも可
	バリアフリー構造であること	
見守りサービス	安否確認サービスと生活相談サービスが必須。ケアの専門家が少なくとも日中建物に常駐し、これらのサービスを提供する	※見守りサービスの他に、食事の提供、入浴等の介護（介護保険サービス除く）などの生活支援サービスが提供されている場合もある

出典：厚生労働省ホームページ

ちまちです。有料老人ホームのように一時金はかかりませんが、毎月の賃貸料は10万円のところもあれば、30万円のところもあります。

　実際にサ高住を探す場合には、一般社団法人高齢者住宅協会が運営するサイト「サービス付き高齢者向け住宅　情報提供システム」（https://www.satsuki-jutaku.jp/）などが役立ちます。ここでは全国のサ高住の内容を検索できます。

　家賃や面積など条件を設定して検索をすることもできますし、検索した結果を並べ替えることも可能です。

　たとえば、東京都内で検索し、家賃で並べ替えてみると、もっとも安いのは江戸川区にあるサ高住で家賃は月額3万9,000円から12万円（共

◆ サービス付き高齢者向け住宅　情報提供システム

出典：一般社団法人高齢者住宅協会（サービス付き高齢者向け住宅情報提供システム HP）

益費＝ 1 万〜 1 万 2,000 円）です。専用面積は 25.11 〜 42.23 ㎡です。

　一方で最も高額なサ高住は、杉並区の施設で家賃は月額 33 万 5,000 円から 201 万 3,000 円（共益費＝ 8 万〜 22 万 3,000 円）。専有面積は 25 〜 160.90 ㎡（2019 年 12 月時点）です。家賃の違いは専有面積もありますが、所在地による差も大きいといえます。言い換えれば、場所の選び方によって住居費を抑えることも可能なのです。

おひとり様で生活するのは不安が大きいものです。保有している自宅を処分してサ高住や有料老人ホームに入居をする人もいるでしょう。その場合に注意しなければならないのは、「いつ自宅を売却するか」です。これまで自宅で生活していた方がサ高住や有料老人ホームに入居して集団生活をするのは、ずいぶん環境が変わります。

　個室はあっても、入居者との交流はあります。お試し入居をしてから実際に入居したとしても、合わずに半年後、1年後に退去するケースもあります。とくに男性に多いようです。男性は女性に比べ、集団に溶け込むのが苦手であることも関係しているでしょう。

　また「せっかく仲良くなった人が日に日に体力が衰えるのを見るのがつらいのでここにいたくない」と感じる人も少なくありません。

　入居前に自宅を処分してしまうと、戻る場所がなくなってしまいます。金銭的に余裕があるなら、入居後1年程度は自宅の売却を待ったほうがよいでしょう。

■ 自宅を売却する

　家を売却してホームに入るなどする場合、不動産を売却して譲渡益が出た場合は、所得税の確定申告をする必要があります。
譲渡所得は、次の公式により計算します。

```
課税譲渡所得＝譲渡価額－（取得費＋譲渡費用）－特別控除額
譲渡所得税額＝課税譲渡所得×税率※
```

※税率は、所有期間によって長期譲渡所得と短期譲渡所得に分類され、
　税率が変わってきます

長期譲渡所得（所有期間 5 年超）＝所得税 15 ％、住民税 5 ％

短期譲渡所得（所有期間 5 年以下）＝所得税 30 ％、住民税 9 ％

（注）2037 年までは、復興特別所得税（基準所得税額× 2.1 ％）がかかります。

　被相続人から相続した不動産を売却する場合、相続した方の税金を計算するときには被相続人の取得費と所有期間を引き継ぎます。不動産の購入当時の売買契約書を探しておきましょう。取得費がわからない場合は、譲渡価額（売却した代金）の 5 ％相当額を取得費とします。

　自宅を売却した場合で一定の要件に該当するときには、税金の計算上、次のような優遇措置があります。

・譲渡益の場合：譲渡益から 3,000 万円を控除できます。所有期間 10 年超の場合は軽減税率が適用されます。

・譲渡損の場合：買換えや住宅ローンの残っている自宅を売却して譲渡損が生じた場合には、譲渡損と他の所得との損益通算および譲渡損の繰越控除ができます。

　また、相続した不動産を売却した税金の計算には、次のような優遇措置があります。

・相続税の取得費加算の特例：相続税の申告期限の翌日から 3 年以内に売却した場合は、相続税の一定額を取得費に加算できます。

・相続した空き家を売却した場合の特例：一定の要件を満たす場合は、譲渡益から 3,000 万円を控除できます。

■ 働く

　おひとり様になってからの家計収支に余裕をもたせるためには、支出を抑えることも重要ですが、限界があるのも事実です。そこで、収入を得る方法も有効です。高齢になってからでは、長時間働くことは難しいかもしれません。しかし最近は、短時間のみ仕事ができる環境も整いつつあります。

　たとえば、80歳の女性で1日3時間だけ、清掃の仕事をしている方がいました。時給はそれほど高くありません。それでも東京都の例でいえば、最低賃金は2019年12月現在1,013円です。

　仮に1日3時間、月に20日間働くことができれば、1か月の収入は6万円程度になります。また、ご本人は「仕事をしているから健康でいられる」とおっしゃっていました。

　仕事をすることで体を動かしますし、同僚などとのコミュニケーションもありますから、心身ともに健康な状態を保つ助けになっているのでしょう。

　お金だけでなく、健康で長生きするために働くことも考えてみてはどうでしょうか。

■ 医療費の備え

　亡くなった方の扶養家族になっていた場合には、健康保険の手続きをしなればなりません。これまでは自分で保険料を負担していなかった場合でも、おひとり様になると保険料の支払いが生じます。

　子どもなどの親族の扶養家族となる方法もありますが、それができな

い場合には、自分で保険料を負担して国民健康保険に加入する必要があります。

保険料は前年の所得によって決まります。

たとえば、東京都練馬区の場合、所得に応じて決まる所得割の金額と、加入者の人数によって決まる均等割の額の合計が保険料となります。上限額も決まっており、2019年度の場合、年間96万円です。

仮に70代前半の夫婦で年金収入が夫＝300万円、妻＝50万円だった場合、年間の保険料は約24万4,000円。月額に換算すると約2万円です。このケースで夫が亡くなり、妻がおひとり様になった場合の国民健康保険料は約5万円となります。

また、75歳以上になると後期高齢者医療制度に移行します。所得によって保険料の割引制度が設けられており、おひとり様で年金収入が168万円以下の場合、均等割の部分が7割軽減されます。

治療を受けて医療費を支払うときの負担も変わります。国民健康保険の医療費の自己負担は原則3割ですが、後期高齢者医療制度では、所得によって3つに分かれています。70歳以上は2割、75歳以上は1割です。ただし、70歳以上でも現役並みの所得がある場合は3割です。

収入が年金のみの場合、年金額によって国民健康保険料が決まるわけですが、年金の中身によっても変わります。

配偶者を亡くし遺族厚生年金の対象となった場合、65歳以降は自分自身の年金の受給が始まります。仮に遺族厚生年金が年間200万円だとした場合、自分の老齢厚生年金が100万円であったら、差額の100万円のみの遺族厚生年金が支給されるようになります。

遺族年金は税金がかかりませんし、国民健康保険料などを計算する際にも所得にカウントされません。よって自分の老齢年金の額が多いほど

国民健康保険料の対象となる所得が増えて保険料が高くなります。

② 要介護の不安

　介護が必要になったときのことも考えておかなければなりません。子ども世帯と同居していれば、ある程度の面倒を見てもらうことができますが、「子どもに迷惑をかけたくない」との気持ちから、同居を提案で

◆30 ～ 40 歳代が考える理想の家族の住まい方

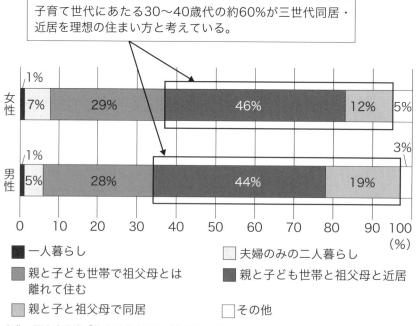

子育て世代にあたる30～40歳代の約60%が三世代同居・近居を理想の住まい方と考えている。

凡例
■ 一人暮らし
□ 夫婦のみの二人暮らし
■ 親と子ども世帯で祖父母とは離れて住む
■ 親と子ども世帯と祖父母と近居
■ 親と子と祖父母で同居
□ その他

出典：国土交通省「住生活基本計画（全国計画）」参考資料より
家族と地域における子育てに関する意識調査報告書（平成 26 年）

きないケースも多いものです。

　しかし、子ども世代で同居や近居を望んでいる人は少なくないのです。国土交通省の住生活基本計画（全国計画）」の参考資料によると、30〜40歳代が考える理想の家族の住まいは同居と考えている人は男性で19％、女性で12％。近居は男性44％、女性46％です。合わせると約6割が同居や近居が理想だと考えています。

■ 子どもと同居や近居の場合には自治体の支援策もある

　同居や近居は自治体などの支援もあります。

　長期固定金利型の代表的な住宅ローンとして知られるフラット35には子育て支援型があります。これは住宅金融支援機構と自治体が連携して、実施しているものです。若年子育て世帯の住宅取得や親との同居・近居のための住宅取得などの条件を満たすと、住宅ローン金利が当初5年間、0.25％優遇されます。

　補助金を出す自治体もあります。たとえば、千葉県松戸市では、親元に住まいを取得する子育て世帯には補助金が支給されます。補助金の額は近居が50万円、同居は75万円で市外から転入する場合には25万円が加算されます。

　埼玉県坂戸市では同居をする際の住宅改修等工事に補助金が支給されます。補助金の額は最大40万円で同居する子ども世帯が坂戸市外から転入する場合には10万円が加算されます。

　このような制度を上手に利用すれば、同居や近居が実現しやすくなります。機会を見て子どもと相談してみるのもよいでしょう。

実際に介護が必要になった場合には、自分では手続きなどができません。子どもなどの親族に頼らざるを得ません。たとえば、判断能力は十分にあっても体が自由に動かなくなってしまい、銀行に行ってお金を引き出したりできなくなってしまうこともあります。

身の回りの世話であれば、ヘルパーさんにお願いすることはできますが、資産に関することは依頼ができません。成年後見制度もありますが、認知症などで判断能力がなくなった場合が対象です。

そんなときには、社会福祉協議会に依頼する方法があります。日常生活自立支援事業と呼ばれるもので、認知症で判断能力が不十分な方で本事業の契約について判断できる方が、日常的なお金の管理を依頼するものです。年金が振り込まれているか確認してもらったり、預金から生活を引き出したり、預け入れたりを代行してくれます。あるいは、病院への医療費の支払いなども依頼できます。サービス料は1回＝1,200円程度です（地域によって異なります）。

■ 地域包括支援センターを活用

どんなサービスがあるのかがわからない場合には、地域包括支援センターに相談するのがよいでしょう。

地域包括支援センターは自治体などによって設置されている機関で高齢者の暮らしをサポートすることを目的としています。政府も地域包括ケアシステムの拡充を進めています。

介護が必要になっても、高齢者が住み慣れた街で自分らしい暮らすことができるように支援するのが地域包括ケアシステムで、地域内で互いにサポートし合うことを目的としたシステムです。

ますます高齢化が進む日本では、地域の力を活用しながら高齢者を支えていくシステムの構築が必要とされています。その役割を担うのが地域包括ケアシステムであり、地域包括支援センターなのです。

　地域包括支援センターでは介護に関する悩みなどを総合的に相談できます。どんな支援制度があるのか、どんな施設があるのかと介護に関するさまざまな情報が集まっていますので、状況に合わせて最適な選択をすることが可能になります。

　全国各地に地域包括支援センターがあり、いずれにも社会福祉士、保健師、主任ケアマネジャーが在籍しています。

■ ソーシャルワーカーも心強い相談相手

　病院に入院した場合などは、病院のソーシャルワーカーに相談するのもよいでしょう。介護施設などのこともよく知っていますので、よき相談相手になってくれることがあります。

　たとえば、ソーシャル・ワーカーのＡさんには介護プランを作成するケアマネジャーの種類などについて教えてもらいました。

　ケアマネジャーには大きく分けて２つのタイプの人がいます。介護職からケアマネジャーになった場合と、看護師からケアマネジャーになった場合です。

　前者は自立をサポートする生活支援の分野により深い知識を持っています。一方で後者は病気や治療などに関して専門知識を持っています。

　よって、生活支援の比重が大きい場合には、介護職出身のケアマネジャーにプランを考えてもらうのが有効ですし、持病がある場合などは看護師出身のケアマネジャーのほうが安心だということです。

あるいは介護施設を選ぶ時のポイントなどを教えてくれることもあります。Ｂさんには父親を特別養護老人ホームに入居させる際に「５か所以上を見学するように」とアドバイスを受けました。「介護施設はどこも大差ない」と考えている人が多いかもしれませんが、実際には違うのです。

　実際に見学して、それを実感しました。ある施設ではアニマルセラピーを取り入れていました。別のところには温泉施設がありました。施設によってサービスや施設が異なるため、費用も変わります。その違いを知るためにも、複数を見学することが有効なのです。

　特別養護老人ホームは原則、申し込み順ですので、空きがなければ順番待ちになります。どのくらいで入居できるかは、施設によって異なります。実際に見学してみると、その事情も把握しやすくなるとのことです。

コラム　高額介護サービス費

　介護費用はどれくらいかかるのでしょうか？居宅介護と施設介護とでは大きく違います。

　居宅介護の場合、保険外のものを多用しなければ介護保険内の負担（収入に応じて１割、２割、３割負担）で賄えます。が、施設介護になると介護保険内の負担＋施設利用料（食費、部屋代等）が必要となってきます。過去に私の父が介護施設に入居していました。自己負担が全員１割の時代であったにも関わらず、月に約10万〜11万ほどの支払いが生じていました。

　医療保険に高額療養費制度（P.71）があるように、介護保険にも保険内の負担に対して「高額介護サービス費」という月々の支払

に対する自己負担限度額が設けられています。この制度のおかげ
で、たとえ3割負担の方でも自己負担限度額までの支払いで済み
ます。が、この高額介護サービス費は、後日還付となりますので、
一旦は支払う必要があります。介護保険を使用する世代は、ほぼ年
金受給世代です。年金額が改定になったとしても、それよりも健康
保険料や介護保険料の上り幅の方が大きいので、実際の年金の手取
りは年々少なくなっているように感じます。また年金だけでは、介
護保険外の支払いや、高額介護サービス費の一旦の支払等に対処す
ることは難しい状況です。

　2021年の介護保険法改正に向けて、高額所得者の自己負担限度
額の引き上げや、低所得者で施設を利用している方の施設利用料の
負担引き上げも検討されています。

　人生100年時代、人生においてお金がすべてではありませんが、
介護へのリスクも考慮し、早めに準備をしておきたいものです。

3 私の相続

■ 相続税の心配（配偶者がいないと相続税の負担は大きい）

　身内が亡くなったとき、相続税の課税対象となるケースが増えています。国税庁の「平成29年分の相続税の申告状況について」によると、2017年に亡くなった方は約134万人いましたが、そのうち相続税の課税対象となった方は約11万人であり課税割合は、8％です。

　相続税の制度は2015年に改正され、相続税を計算するときに差し引くことができる基礎控除が大幅に縮小されました。これにより、課税対

◆ 被相続人の人数と課税対象の人数

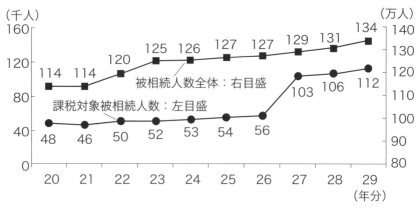

出典：国税庁「平成29年分の相続税の申告状況について」

象者が倍増しました。特に都市部では、自宅と預金が少々という一般的な家庭でも、相続税の申告対象となるケースが増えました。

　最初に夫婦のうちのどちらかが亡くなった場合を一次相続、次に遺された配偶者が亡くなったときを二次相続と呼びます。相続税の面からすると、二次相続のほうが税金の負担も重くなりがちです。

　一つの理由は相続人の数が減ることです。たとえば一次相続では配偶者と子ども２人だったケースで二次相続になると、相続人は子ども２人だけとなります。基礎控除は相続人の数によって決まりますから、相続人が１人減った分、相続財産から差し引ける額が少なくなってしまうのです。

　もう一つの理由は配偶者の税額軽減が利用できないからです。一次相続では、配偶者が相続する財産のうち①１億6,000万円、②配偶者の法定相続分、①、②のどちらか多い金額までは相続税がかかりません。二次相続では、利用できませんので相続税が増えてしまうのです。

　したがって、二次相続の相続税まで考えた上で、一次相続の遺産分割を決めるのが賢い方法だといえます。一次相続で配偶者がすべて相続せず、子どもにも相続させた方が、一次・二次トータルでの相続税が軽減されることがあります。

■ 資産が少なくても遺産分割でもめる

　相続税がかからない場合であっても安心してはいられません。遺産分割をめぐるトラブルは増加しています。遺産分割事件（家事調停・審判）の数は2017年で約16,000件です。1997年には約10,300件ですから20年強で約1.5倍になった計算です（平成29年最高裁判所司法統計

年報家事事件編より）。

　また、遺産分割事件のうち認容・調停が成立した件数は相続財産額5,000万円以下が約76％を占めます。これは、相続財産の額が少ない方がもめやすいとも言えます。つまり、相続税対策が必要ない人も争族対策は必要なのです。

　遺された家族が遺産分割でもめないためには、遺言を遺すのが有効です。遺言がなければ、法定相続人が相談して遺産分割の割合を決めなければなりません。これを遺産分割協議といいます。利害が絡むと家族であっても対立が生じ、争族に発展することもあります。

　遺産分割協議が整わないと、原則として亡くなった方の預金は引き出せませんし、不動産の名義変更もできません。

　その点、遺言があれば、遺産分割協議は必要ありません。遺言の通りに財産を分けることができるのです。

■ 遺言を書く　（遺族がもめないように）

　遺される家族が相続でもめないようにするための最大の対策は遺言を遺すことです。相続人が子どもだけになった場合にはなおさらです。どんなに仲の良い兄弟であっても、相続が発生する年齢になると、さまざまな事情を抱えていがちです。住宅ローンの支払いが厳しい、子どもの教育負担が大変——。お金にまつわる悩みも多いはずです。少しでも多くの財産を相続したいと考えても不思議ではありません。財産をどう受け取ってほしいのか、遺言によって親の意志がはっきり示されていないと、もめごとになりやすいのです。

遺言には、3つの種類があります。それぞれにメリット・デメリットがあります。自筆証書遺言は費用がかからず、1人でも簡単に作成できるのがメリットです。

　ただし、高齢になると、自筆が負担になるケースも少なくないでしょう。そこで、改正された民法では、遺言書本体は手書き（自書）しなく

◆遺言書の3つの種類

	自筆証書遺言	公正証書遺言	秘密証書遺言
作成方法	本人が遺言書の本文・日付・氏名を自書　財産目録を添付する場合、目録部分のみ自書は不要	本人が口述し、公証人が記述する	本人が署名・押印した遺言書を封印し、公証役場で証明を受ける
署名・押印	本人のみ	本人・証人・公証人	本人・証人・公証人
証人	不要	2名以上	2名以上
保管	本人または法務局※（または遺言執行者・受遺者等）	原本は公証役場、正本・謄本は本人（または遺言執行者・受遺者等）	本人（または遺言執行者・受遺者等）
検認の要否	必要※	不要	必要
遺言の存在	秘密にできる	証人・公証人には秘密にできない	証人・公証人には秘密にできない
遺言の内容	秘密にできる	証人・公証人には秘密にできない	秘密にできる
滅失の危険性	ある	ない	ある
改ざんの危険性	ある	ない	ほとんどない
無効になる危険性	ある	低い	ある
費用	かからない（2020年7月10日～法務局に保管してもらう場合は必要）	公証役場16,000円～（相続財産額による）＋証人依頼費用	公証役場11,000円＋証人依頼費用

※法務局に保管してもらうこともできるようになりました（2020年7月10日～）。その場合は検認が不要。

てはなりませんが、財産目録の部分は手書きせず、パソコンなどで作成したり、預貯金通帳などのコピーを添付することでもよくなりました（一枚ごとに、署名・押印します）。また、自筆証書遺言は、自分で保管するケースが多いため、紛失してしまうこともありましたが、法務局に預けられる制度もまもなくスタートします（2020年7月10日〜）。

　相続で家族が分裂してしまっては大変です。遺言を書くことを検討してみてはいかがでしょうか。

コラム　法律改正で40年ぶりに相続制度が変わる

　2018年7月に法律が改正され、相続制度が見直されました。実に40年ぶりのことです。改正の内容は多岐にわたりますが、影響が大きいのは①配偶者居住権の新設、②自筆証書遺言の変更です。

配偶者居住権の新設

　父親が亡くなり、母親と子どもが相続人になった場合など、母親が自宅を相続すると、現金がほとんど手元に残らないケースがあります。それでは老後の生活が不安です。そこで新設されたのが「配偶者居住権」です。自宅の権利を「居住権」と「所有権」に分けて母親は「居住権」を相続します。自宅をまるごと相続するよりも評価額は低くなるので、母親は自宅の居住権のほかに現金を相続する

ことが可能になります。これにより母親は亡くなるまで自宅に住む
権利が得られますので、その後の生活も安心なのです。

自筆証書遺言の緩和

　今回の見直しで自筆証書遺言はより身近になりました。一つは作
成方法が簡単になったことです。これまでは遺言の内容をすべて自
筆しなければならなかったので、高齢者には負担が大きくなりがち
でした。とくに大変だったのは財産の一覧（財産目録）です。財産
の種類が多くなれば、遺言の作成自体をあきらめてしまうこともあ
ります。そこで、2019 年 1 月 13 日以降に作成する自筆証書遺言
については、財産目録はパソコンなどで作成したり、コピーの添付
をしたりしてもよいことになりました。

自筆証書遺言の保管

　さらに、自筆証書遺言は自宅などに保管しておくのが一般的でし
たが、紛失してしまう可能性がありますし、改ざんされる恐れもあ
りますので、法務局に預けておくことが（遺言書保管法）2020 年
7 月 10 日からスタートします。これらにより、遺言を遺しやすく
なります。

＜監修者紹介＞

川端　薫（かわばた　かおる）

　社会保険労務士（東京都社会保険労務士会足立荒川支部所属）、ファイナンシャル・プランナー（CFP ／ 1 級ファイナンシャルプランニング技能士）、NPO 法人アクティブ・シニア・クラブ理事。

　東京都社会保険労務士会足立荒川支部支部長。

　青山学院大学卒業。大手生命保険会社にて、生命保険募集、営業職員・新入社員教育、セミナー講師として活動。2009 年「川端薫社会保険労務士事務所」を開業。現在、社会保険労務士、ファイナンシャル・プランナーとして、相談業務・コンサルティング業務・講演業務・執筆業務に従事。

　著書（共著等）に、『セカンドライフ検定』（オルツ）、『税務・経理・人事ハンドブック』（C & R 研究所）『労働法例違反で罰せられる前に読む本』（TAC 出版）『社労士さんに聞いた年金と老後とお金の話』（中央経済社）などがある。

内田　麻由子（うちだ・まゆこ）

　税理士。内田麻由子会計事務所代表。一般社団法人日本想続協会代表理事。

　相続専門の税理士として、相続対策、事業承継対策、相続税・贈与税の申告業務を数多く手掛けている。節税対策・納税対策のみならず、家族の円満な相続をサポートしている。相続税に関する講演および新聞・雑誌等の取材実績多数。

　著書に『図解　いちばん親切な相続税の本』（ナツメ社）、『家族が亡くなった後の手続きがわかる本』（プレジデント社）、『誰も教えてくれなかった「ふつうのお宅」の相続対策ABC』（セブン＆アイ出版）など。監修に『親が死んだ 5 分後にあなたがしなければならないこと』（永岡書店）、『クロワッサン特別編集　身内が亡くなったときの手続き』（マガジンハウス）などがある。

本書の内容に関するご質問は，ファクシミリ等，文書で編集部宛にお願いいたします。（fax 03-6777-3483）

なお，個別のご相談は受け付けておりません。

本書刊行後に追加・修正事項がある場合は，随時，当社のホームページにてお知らせいたします。

家族が亡くなった時の相続・年金・保険などの手続き

令和2年3月9日	初版第1刷印刷	（著者承認検印省略）
令和2年3月30日	初版第1刷発行	

監修者 社会保険労務士 川 端 　 薫

税理士 内 田 麻 由 子

編集協力 司法書士 太 田 啓 介

向 　 山 　 勇

な ぎ さ グ ル ー プ

イラスト 佐 藤 慶 花

発 行 所 税 務 研 究 会 出 版 局

https://www.zeiken.co.jp

週刊「税務通信」「経営財務」発行所

代 表 者 山 根 　 毅

〒100-0005
東京都千代田区丸の内1-8-2 鉄鋼ビルディング
振替00160-3-76223

電話〔書 籍 編 集〕 03 (6777) 3463
　　〔書 店 専 用〕 03 (6777) 3466
　　〔書 籍 注 文〕
　　〈お客さまサービスセンター〉 03 (6777) 3450

各事業所　電話番号一覧

北 海 道	011 (221) 8348	中 　 部	052 (261) 0381
東 　 北	022 (222) 3858	関 　 西	06 (6943) 2251
関 　 信	048 (647) 5544	中 　 国	082 (243) 3720
神 奈 川	045 (263) 2822	九 　 州	092 (721) 0644

ISBN978-4-7931-2506-5

書籍購入者特典

購入書籍の電子版が

税研Booksにて
無料でご利用できます

利用方法につきましては、綴じ込み内の記載をご確認ください

PC・スマホ・タブレット対応

書籍購入者特典

購入書籍の電子版が

税研Booksにて
無料でご利用できます

利用方法につきましては、綴じ込み内の記載をご確認ください

PC・スマホ・タブレット対応